汽车发动机管理系统检测与维修

主　编　张习泉
副主编　曾　建　胡丁凡
参　编　赵洪华　向峻伯
　　　　刘　迪

北京理工大学出版社
BEIJING INSTITUTE OF TECHNOLOGY PRESS

内容简介

本书把汽车发动机管理系统按照生产实践中的子系统进行组合编写，共分六个项目，分别为发动机管理系统简介、发动机进气系统检测与维修、发动机燃油系统检测与维修、发动机点火系统检测与维修、发动机排放控制系统检测与维修、发动机辅助控制系统检测与维修等内容。

本书既可作为高等职业院校汽车相关专业的教材，也可供汽车专业相关技术人员参考使用。

版权专有　侵权必究

图书在版编目（CIP）数据

汽车发动机管理系统检测与维修/张习泉主编．—北京：北京理工大学出版社，2018.1（2023.8重印）

ISBN 978-7-5682-5266-9

Ⅰ.①汽… Ⅱ.①张… Ⅲ.①汽车-发动机-机械系统-车辆检修-高等学校-教材 Ⅳ.①U472.43

中国版本图书馆 CIP 数据核字（2018）第 020716 号

出版发行 /	北京理工大学出版社有限责任公司
社　　址 /	北京市海淀区中关村南大街 5 号
邮　　编 /	100081
电　　话 /	（010）68914775（总编室）
	（010）82562903（教材售后服务热线）
	（010）68944723（其他图书服务热线）
网　　址 /	http://www.bitpress.com.cn
经　　销 /	全国各地新华书店
印　　刷 /	廊坊市印艺阁数字科技有限公司
开　　本 /	787 毫米 × 1092 毫米　1/16
印　　张 /	9.25
字　　数 /	217 千字
版　　次 /	2018 年 1 月第 1 版　2023 年 8 月第 3 次印刷
定　　价 /	26.00 元

责任编辑 /	梁铜华
文案编辑 /	梁铜华
责任校对 /	周瑞红
责任印制 /	李志强

图书出现印装质量问题，请拨打售后服务热线，本社负责调换

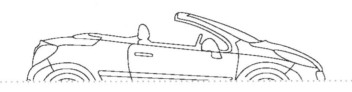 

  "汽车发动机管理系统检测与维修"是汽车维修专业的一门专业核心课程，目标是让学生掌握汽车发动机管理系统结构、工作原理和基本检修能力。它需要以汽车认识、汽车维修基础、汽车保养、汽车电器等课程的学习为基础，是进一步学习汽车整车故障检测等课程的基础。

  该课程是根据汽车维修企业机电维修岗位对发动机管理系统典型工作任务要求，贯穿汽车维修工职业标准，参考国际职业标准，确定发动机管理系统检测与维修行动领域，采用任务驱动、项目教学、理实一体的教学模式来进行的。因此，我们按各个子系统（学习领域）来编写本教材，构建系统故障诊断能力，突出系统维修手册的查询、理解和运用，让学生掌握汽车发动机管理系统结构、控制原理、诊断策略和基本检修能力。

  汽车发动机管理系统检测与维修是汽车维修专业学生毕业后的主要就业方向和从事汽车维修的重要工作。汽车结构繁杂，品牌繁多，升级换代快，市场的压力要求汽车维修从业人员拥有汽车保养、故障检测等知识。

  本教材以发动机系统为领域，以该领域的项目为载体实施教学，项目选取科学，符合该门课程的工作逻辑，能形成系列知识，让学生在完成项目的过程中逐步提高职业能力，可操作性强。

  教材内容反映了新技术、新工艺。

  本教材打破了传统的学科教材编写模式，以"发动机管理系统"为主线，以行业标准、国家职业标准为依据，将本课程分解成为各个子系统来编写教材。

  本教材在编写过程中得到了成都工业职业技术学院、四川天府职业学院、成都信息工程大学职业学院的大力支持。参加编写本书的人员有张习泉、曾建、胡丁凡、赵洪华、向峻伯、刘迪等。

  由于编者水平有限，书中的缺点和疏漏之处在所难免，恳请广大读者批评和指正。

编　者
2017 年 10 月

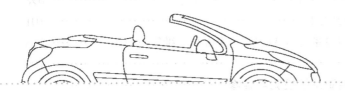

目 录
CONTENTS

项目一　发动机管理系统简介 ··· 001
 课题　认识发动机管理系统 ·· 001

项目二　发动机进气系统检测与维修 ·· 008
 课题一　认识发动机进气系统 ··· 008
 课题二　空气流量传感器 ·· 011
 课题三　进气歧管绝对压力传感器 ·· 025
 课题四　温度传感器 ·· 028
 课题五　节气门位置传感器（TPS） ····································· 031
 课题六　实验实训 ··· 039

项目三　发动机燃油系统检测与维修 ·· 040
 课题一　认识汽油发动机燃油系统 ·· 040
 课题二　电动汽油泵 ·· 041
 课题三　喷油器 ·· 046
 课题四　燃油压力调节器 ··· 050
 课题五　燃油供给系统附件 ·· 053
 课题六　汽油直喷发动机电控系统 ·· 054
 课题七　实验实训 ··· 062

项目四　汽车点火系统检测与维修 ··· 064
 课题一　点火系统认知 ·· 064
 课题二　凸轮轴位置传感器的检测 ·· 069
 课题三　曲轴位置传感器的检测 ··· 071
 课题四　爆震传感器的检测 ·· 073
 课题五　点火线圈的检查 ··· 076
 课题六　火花塞的检测 ·· 079
 课题七　实验实训 ··· 081

项目五　发动机排放控制系统检测与维修 ································· 083
 课题一　认识排放控制系统 ·· 083
 课题二　曲轴箱强制通风系统的检测与维修 ··························· 087

课题三　活性炭罐系统的检测与维修 …………………………… 090
　　课题四　废气再循环系统的检测与维修 …………………………… 093
　　课题五　三元催化转换器（TWC）的检测与维修 ………………… 098
　　课题六　氧传感器的检测 …………………………………………… 101
　　课题七　二次空气喷射系统（AI/AS）的检测与维修 …………… 108
　　课题八　实验实训 …………………………………………………… 109

项目六　发动机辅助控制系统检测与维修 ………………………………… 111
　　课题一　怠速控制系统 ……………………………………………… 111
　　课题二　进气控制 …………………………………………………… 119
　　课题三　涡轮增压 …………………………………………………… 129
　　课题四　其他辅助控制系统 ………………………………………… 133
　　课题五　实验实训 …………………………………………………… 138

参考文献 ………………………………………………………………………… 139

项目一
发动机管理系统简介

知识目标
能描述发动机管理系统组成。
能描述发动机管理系统工作过程。
能描述故障自诊断系统的特点。
能描述开环控制与闭环控制的特点。
能描述安全保险功用与备用系统功用。

课题 认识发动机管理系统

(一) 电控系统的组成

电控系统的组成如图1-1所示。

任何一种电子控制系统，其主要组成都可分为电子控制单元（ECU）、信号输入装置和执行元件三部分。

1. 电子控制单元（ECU）

ECU（如图1-2所示），给各传感器提供参考电压，接收传感器信号，进行存储、计算和分析处理后向执行器发出指令。

2. 信号输入装置

信号输入装置即各种传感器（如图1-3所示），用于采集控制系统所需的信息，并将其转换成电信号通过线路输送给ECU。

常用的传感器有：进气压力传感器、空气流量传感器、节气门位置传感器、凸轮轴位置传感器、曲轴位置传感器、进气温度传感器、冷却液温度传感器、车速传感器、爆震传感器、起动开关、空调开关、挡位开关、制动灯开关等。

(1) 进气压力传感器：反映进气歧管内的绝对压力大小的变化，是向ECU提供计算喷油持续时间的基准信号。

(2) 空气流量传感器：测量发动机吸入的空气量，提供给ECU作为计算喷油时间的基准信号。

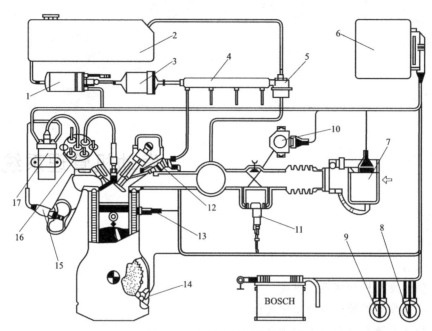

图1-1 典型电控系统组成

1—电动汽油泵；2—燃油箱；3—燃油滤清器；4—燃油分配管；5—压力调节器；6—控制单元；7—空气流量计；8—空调开关；9—点火开关；10—节气门位置传感器；11—怠速空气调节器；12—喷油器；13—温度传感器；14—曲轴位置传感器；15—氧传感器；16—分电器；17—点火线圈

图1-2 电子控制单元

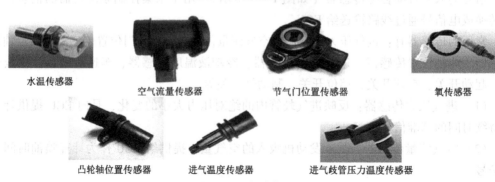

图1-3 各种传感器

（3）节气门位置传感器：测量节气门打开的角度，提供给 ECU 作为断油、控制空燃比、修正点火提前角的基准信号。

（4）曲轴位置传感器：检测曲轴及发动机转速，提供给 ECU 作为确定点火正时及工作顺序的基准信号。

（5）氧传感器：检测排气中的氧浓度，提供给 ECU 作为控制空燃比在最佳值（理论值）附近的基准信号。

（6）进气温度传感器：检测进气温度，提供给 ECU 作为计算空气密度的依据。

（7）水温传感器：检测冷却液的温度，向 ECU 提供发动机温度信息。

（8）爆震传感器：安装在气缸体上专门检测发动机的爆燃状况，提供给 ECU 以便其根据信号调整点火提前角。

3. 执行元件

执行元件（如图 1-4 所示）是受 ECU 控制，具体执行某项控制功能的装置。

点火器　　　　　　　喷油器　　　　　　节气门控制电机

图 1-4　执行元件

常用的执行元件有喷油器、点火器、怠速控制阀、EGR 阀、炭罐电磁阀、油泵继电器、节气门控制电机、二次空气喷射阀、仪表显示器等。

（1）喷油器：用来给发动机的气缸内部进行喷射燃油。

（2）点火器：用于对发动机气缸内高压混合气体点火提供能量。

（3）怠速控制阀：控制发动机怠速通道，稳定发动机怠速。

（4）EGR 阀：控制发动机废气循环。

（5）炭罐电磁阀：控制炭罐内的汽油蒸气。

（6）油泵继电器：控制汽车汽油泵工作。

4. 电控系统的功用

1）空气供给系统

空气供给系统如图 1-5 所示。

功用：为发动机提供清洁的空气并控制发动机正常工作时的供气量。

2）燃油供给系统

燃油供给系统如图 1-6 所示。

功用：供给喷油器一定压力的燃油，喷油器则根据电脑指令喷油。

3）控制系统

ECU 根据空气流量传感器信号和发动机转速信号确定基本喷油时间，再根据其他传感器对喷油时间进行修正，并按最后确定的总喷油时间向喷油器发出指令，使喷油器喷油或断油。

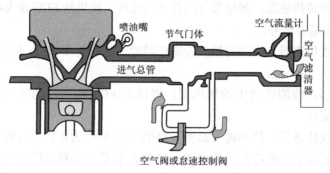

图1-5 空气供给系统

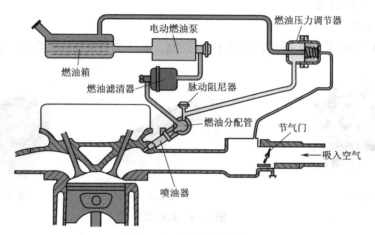

图1-6 燃油供给系统

(二) 电控系统工作过程

电控系统由电子控制单元（即 ECU，俗称电脑）、发动机转速传感器（也称曲轴位置传感器）、空气流量传感器、节流阀体、进气温度传感器、冷却液温度传感器（发动机水温传感器）、k 传感器（即氧传感器）、爆震传感器、相位传感器（也称凸轮轴位置传感器或霍尔传感器）、点火线圈、油压调节器和喷油器等组成。

驾驶员通过节气门（俗称油门）控制发动机进气量，ECU 通过节气门位置传感器得知节气门开度，再综合发动机转速、空气流量、进气温度等传感器及电子开关提供的信息，经分析、计算，确定出最佳喷油量和点火时刻，向喷油器和点火线圈发出喷油和点火指令。发动机转速和空气流量信号是 ECU 计算基本喷油量的主信号，ECU 再根据进气温度传感器、冷却液温度传感器、爆震传感器和节气门位置传感器等发来的信号对喷油量进行必要的修正，确定出实际喷油量，然后根据从转速传感器得到的曲轴位置信号和相位传感器检测到的 1 缸压缩上止点信号，适时地向喷油器和点火线圈发出动作指令。

(三) 开环控制与闭环控制

1. 开环控制

ECU 根据传感器的信号对执行器进行控制，但不去检测控制结果；开环控制是指控制装置与被控对象之间只有按顺序工作，没有反向联系的控制过程，按这种方式组成的系统称为开环控制系统。其特点是系统的输出量不会对系统的控制作用产生影响，没有自动修正或补偿的能力。

2. 闭环控制

闭环控制也叫反馈控制,是在开环控制的基础上,对控制结果进行检测,并反馈给ECU。闭环控制有反馈环节,通过反馈系统使系统的精确度提高,响应时间缩短,适合于对系统响应时间和稳定性要求高的系统。

(四) 故障自诊断系统

汽车电控系统在设计时,都在 ECU 中设置了一个故障自诊断系统,又称为"车载自动诊断系统"(On-Board Diagnostics,OBD)。故障自诊断系统会在运行过程中不断监测电控系统各组成部分的工作情况,如有异常,则立即点亮仪表盘上的一个故障警告灯,以提醒驾驶员汽车电控系统出现故障。

1. 基本原理

故障自诊断模块监测的对象是电控汽车上的各种传感器(如空气流量传感器)、电子控制系统本身以及执行元件(如继电器),故障判断正是针对上述3种对象进行的。故障自诊断模块利用汽车电子控制系统的信号输入电路,在汽车运行过程中监测上述3种对象的输入信息。当某一信号超出了预设的范围值且这一现象在一定的时间内不消失时,故障自诊断模块便判断其为这一信号对应的电路或元件出现故障,并把这一故障以代码的形式存入内部存储器,同时点亮仪表盘上的故障指示灯。

2. 自诊断系统程序

(1) 接通点火开关,起动发动机,使发动机预热到冷却水温度达到50℃以上、发动机速度达到3 000 r/min以上、增压值达到0.1 MPa以上。

(2) 用手将节气门全负荷开关接通约3 s。

(3) 当速度表指示达到临界值时,开始调出故障码(故障灯处于接通状态)。

(4) 按诊断结果排除故障,经路试证明故障全部排除后,关断点火开关,清除故障代码,自诊断结束。

3. 自诊断系统功能

1) 故障报警

一般通过设置在仪表板上报警灯的闪亮来向车主报警。在装有显示器的汽车上,也有直接用文字来显示报警内容的。

2) 故障存储

当检测故障时,在存储器中存储故障部位的代码。一般情况下,即使点火开关处于断开位置,微机和存储部分的电源也保持接通状态而不至于使存储的内容丢失。只有在断开蓄电池电源或拔掉保险丝时,由于切断了微机的电源,存储器内的故障代码才会被自动消除。

3) 故障处理

在汽车运行过程中如果发生故障,为了不妨碍正常行驶,由微机进行调控,利用预编程序中的代用值(标准值)进行计算以保持基本的行驶性能,待停车后再由车主或维修人员进行相应的检修。

4. 使用注意事项

在多个故障代码同时存在时,故障代码一般以从小到大的顺序显示输出。

不同车系或车型，进入自诊断的方法可能不同，其故障代码所指的含义也不同。

自诊断系统所诊断的故障是有限的，而且自诊断系统本身也可能出现故障，因此，还应进行其他方式的系统检查。

对具有静态读码和动态读码的电控系统，应注意读码的先后顺序以及有关的转码程序，否则会造成读码的失败。

对多路信息传输的诊断，要了解该车型该系统的传输介质、局域网形式、网络通信协议、仲裁功能。

数据总线的故障，一般采用示波器或汽车专用光纤诊断仪来观察通信数据信号是否与标准通信数据信号相符。

（五）安全保险功能与备用系统

1. 安全保险功能

当任何一个传感器出现问题时，如果 ECU 仍然继续以通常的方式控制发动机，就可能使发动机或其他部件出现问题。为避免出现这种情况，ECU 的安全保险功能可以依靠储存器内的数据使控制系统继续工作或者停机。

下面介绍电路中出现故障时所发生的情况及安全保险功能的作用：

（1）如果水温或进气温度信号电路发生开路或短路现象，则 ECU 检测到低于 -40℃ 或高于 139℃ 的温度，它们会使空燃比太浓或太稀，从而导致发动机失速或运转粗暴。此时系统采用正常运转值（标准值），标准值按发动机特征确定，通常采用冷却水温度 80℃，进气温度 20℃。

（2）如果点火系统中出现故障而不能点火，系统则停止喷油。

（3）当节气门位置传感器电路中出现开路或断路时，ECU 则会检测到节气门处于完全打开或关闭状态。此时系统采用正常值运转。

（4）发动机曲轴位置传感器信号 G1 和 G2 用于识别气缸和确定曲轴基准角。如果出现开路或者短路，则系统无法控制发动机，从而导致发动机失速或不能起动；如果仍然收到 G1 或 G2 信号，那曲轴基准角还能由保留的 G 信号判断。

2. 应急备用系统的功用

当发动机微电脑内控制程序出现故障时，微电脑会按预存的程序控制燃油喷射和点火正时，使电子控制系统维持最基本的控制功能，使发动机维持运转。

1）备用系统工作的条件

备用系统在遇到下列情况之一时开始工作：

（1）当微处理器停止输出点火正时信号时。

（2）当进气压力信号电路出现断路或短路以及 T 端断开时（D 型 EFI 系统）。

应急备用系统的电路如图 1-7 所示。

2）备用状态

当使用条件之一得到满足时，用一固定值取代喷油时间和点火提前角，保持发动机继续运行，备用集成电路（IC）根据起动（STA）信号和怠速（IDL）触头状态选择设定的数值，如日产公司提供的数据（如表 1-1 所示）。

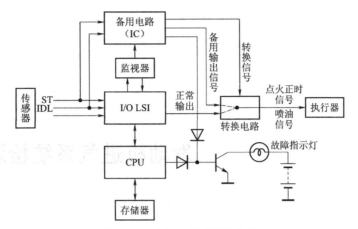

图1-7 应急备用系统的电路

表1-1 备用状态数据

项目	起动（触头STA闭合）	怠速（IDL触头闭合）	非怠速（IDL断开）
喷油持续时间	12.0 ms	2.3 ms	4.1 ms
喷油频率	每转一次		
点火提前角	上止点前10°	上止点前10°	上止点前20°
闭合时间	5.12 ms		

这种备用系统又称为"缓慢回家"系统。采用备用系统时，"检查发动机灯"亮。在条件（1）时，没有故障码输出；在条件（2）时，有故障码输出，固定值的大小取决于发动机的型号。

小结

本项目主要学习发动机管理系统的基本构成和简单功能。通过学习，对发动机管理系统有一定了解，明确后续的学习任务。

项目二

发动机进气系统检测与维修

1. 知识目标

能描述进气系统的组成及作用；

能描述空气流量传感器、进气压力传感器、进气温度传感器、节气门位置传感器、水温传感器的结构及工作原理；

能描述怠速控制阀、进气量的控制原理；

能描述空气滤清器、谐振腔、进气歧管的结构及作用。

2. 能力目标

能查阅使用维修技术资料；

能使用解码器读取进气系统的故障码、数据流；

能进行传感器的检测；

能完成进气系统真空测试并能分析测试结果；

能进行进气系统主要部件的检测及更换；

掌握进气系统典型故障的诊断方法；

建立进气系统的故障诊断思路。

课题一　认识发动机进气系统

一、进气系统的功用、组成及类型

（一）进气系统功用

进气系统为发动机可燃混合气的形成提供清洁的空气，并计量和控制汽油燃烧时所需要的空气量。

（二）进气系统组成

以 L 型系统为例，空气经空气滤清器过滤后，用空气流量传感器检测进气量，通过节气门体进入进气总管，再分配到各进气歧管。在进气歧管内，从喷油器喷出的汽油和空气混合后被吸入气缸内燃烧。

（三）进气系统分类

进气系统根据检测计量空气质量的方式不同，分为直接检测（L 型）和间接检测（D

型),如图 2-1 (a)、(b) 所示。

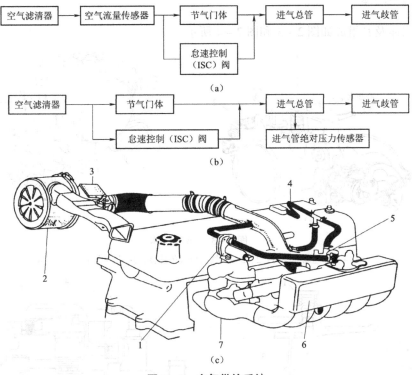

图 2-1 空气供给系统

(a) EFI—L 空气系统框图;(b) EFI—D 空气系统框图;(c) 结构示意图
1—空气阀;2—空气滤清器;3—空气流量传感器;4—PVC 管;
5—节气门怠速开关控制传感器;6—进气总管;7—进气歧管

二、空气滤清器和活性炭过滤器

空气滤清器和活性炭过滤器如图 2-2 所示。

1. 空气滤清器作用

空气滤清器防止空气中的灰尘和杂物等随空气吸入气缸,同时还可以防止发动机回火时火焰传到外面。

2. 活性炭过滤器作用

活性炭过滤器吸附来自进气歧管的 HC。

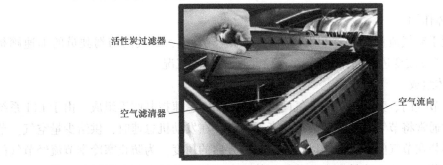

图 2-2 空气滤清器及活性炭过滤器

三、节气门体

节气门体及其组成如图2-3和图2-4所示。

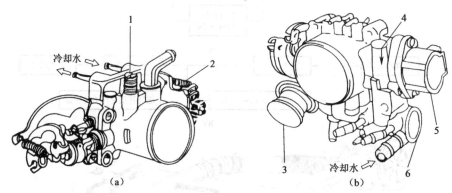

图2-3 节气门体
1、4—怠速调整螺钉；2、5—节气门位置传感器；3—缓冲器；6—空气阀

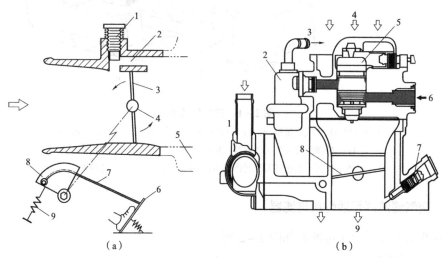

图2-4 节气门体组成

(a) 多点喷射 (MPI) 节气门体；(b) 单点喷射 (SPI) 节气门体
(a)：1—旁通螺钉；2—旁通气道；3—节气门；4—轴；5—稳压箱；
6—加速踏板；7—加速踏板拉线；8—操纵臂；9—回位弹簧
(b)：1—空气阀；2—压力调节器；3—接燃油箱；4—来自空气滤清器的空气；
5—主喷油器；6—来自燃油泵的燃油；7—怠速调整螺钉；8—节气门；9—通往发动机的混合气

1. 节气门体作用

节气门体置于空气流量传感器和发动机之间的进气管上，节气门与驾驶员的加速踏板（油门）联动，通过改变进气通路截面积，控制发动机运转工况。

2. 节气门体组成

节气门体由节气门、旁通气道、节气门位置传感器、怠速控制阀等组成。由于EFI系统在发动机怠速时通常将节气门全关，故设一旁通气道，在发动机怠速时，供给少量空气。节气门位置传感器装在节气门轴上，用以检测节气门开启的角度。为防止寒冷季节流经节气门的空气中水分在节气门体上冻结，有些节气门体上设有使发动机冷却水流经的管路。

四、进气管

进气管包括进气总管和进气歧管。

单点喷射（SPI）系统发动机采用中央喷射的方法，进气管形状与化油器式发动机的进气管形状基本一致，如图2-5（a）所示。

多点喷射（MPI）系统发动机为了消除进气脉动和使各缸配气均匀，对进气总管、歧管在形状、容积等方面都提出了严格的设计要求。各缸分别设独立的歧管，歧管与总管可制成整体型，如图2-5（b）所示。

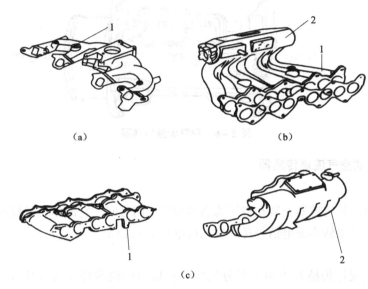

图2-5 进气管
(a) SPI系统；(b) 整体型MPI系统；(c) 分开型MPI系统
1—进气歧管；2—进气总管

课题二 空气流量传感器

一、空气流量传感器作用

空气流量传感器简称空气流量计，测量进入发动机气缸的所有空气流量，并将测量结果转换成电信号送给发动机电控单元ECU，空气流量传感器信号是ECU决定喷油量和点火正时的基本信号之一。

二、空气流量传感器分类

空气流量传感器分为质量型和体积型两种类型。

质量型空气流量传感器分为热线式和热膜式两类；体积型空气流量传感器分为叶片式和卡门旋涡式两类，如图2-6所示。

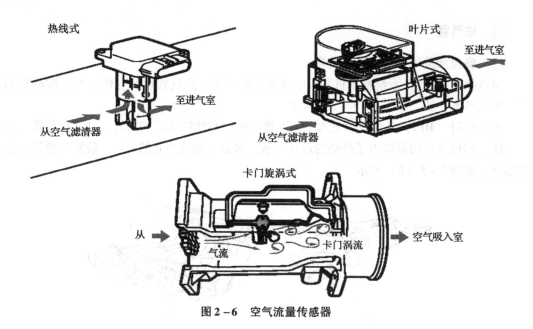

图2-6 空气流量传感器

(一) 叶片式空气流量传感器

1. 作用

叶片式空气流量传感器安装在空气滤清器和节气门之间。它的作用是检测吸入空气量的多少,并把检测结果转换成电信号送给发动机电控单元ECU。

2. 结构

叶片式空气流量传感器由两大部分组成:一是担任检测任务的叶片(测量板)部分;二是担任转换任务的电位计,如图2-7所示。叶片部分由测量叶片、缓冲叶片及壳体组成,测量叶片随空气流量的变化在空气主通道内偏转。电位计部分主要由电位计、回位弹簧、调整齿圈等组成。由于电位计与风门叶片是同轴的,所以,当叶片偏转时,电位计滑臂必然转动。

(a)

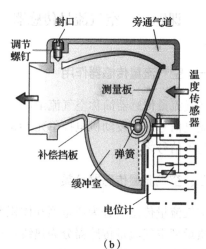
(b)

图2-7 叶片式空气流量传感器结构

3. 工作原理

在发动机起动后，吸入的空气把测量板从全闭位置推开，使之绕其轴偏转。这时，测量板转轴上的电位计滑臂也绕轴转动，使电位计的输出电压随之改变。将这一信号输入控制单元，控制单元根据进气温度传感器的信号进行修正，即可测出实际的进气流量（图2-8）。

4. 特点

这种空气流量传感器的结构简单，但机械误差大，存在机械磨损现象；进气阻力大，响应慢且体积较大。

5. 叶片式空气流量传感器的常见故障与检测

空气流量传感器的检测内容包括空气流量传感器的电源、信号和信号接地（图2-9）。检测空气流量传感器的信号可用万用表、诊断仪和示波器。

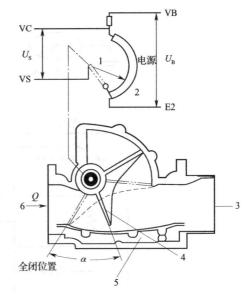

图2-8 叶片式空气流量传感器工作原理
1—电位计滑臂；2—可变电阻；3—进气；4—测量叶片；
5—旁通气道；6—接空气滤清器

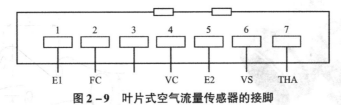

图2-9 叶片式空气流量传感器的接脚

叶片式空气流量传感器的常见故障与检测以典型7PIN6线为例来讲述。

- E1和FC组成油泵开关，全关闭时断开，微开测量板时导通。
- VC：5 V参考电源。
- E2：回馈搭铁。
- VS：流量传感器信号。KEY-ON：0.2~0.5 V；怠速时：2.3~2.8 V。
- THA：进气温度传感器信号。20℃时THA-E2电阻为2~3 kΩ，40℃时THA-E2电阻为0.9~1.3 kΩ，60℃时THA-E2电阻为0.4~0.7 kΩ。

叶片式空气流量传感器电路如图2-10所示。

（二）超声波卡门旋涡式空气流量传感器

1. 作用

卡门旋涡式空气流量传感器（图2-11）是利用卡门涡流测量空气流量的，通过测量单位时间内流过的旋涡数量，计算出空气的流速和流量。

所谓卡门旋涡，是指在流体中放置一个圆柱状或三角状物体后，在这一物体的下游产生的两列旋转方向相反并交替出现的旋涡。当满足 $h/l = 0.281$ 时，两列旋涡才是稳定的，如图2-12所示。

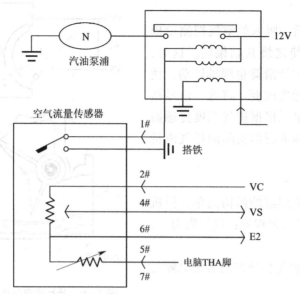

图 2-10 叶片式空气流量传感器电路

图 2-11 卡门旋涡式空气流量传感器

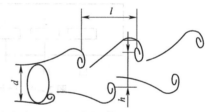

图 2-12 卡门旋涡产生的原理

2. 结构

超声波卡门旋涡式空气流量传感器的结构如图 2-13 所示。

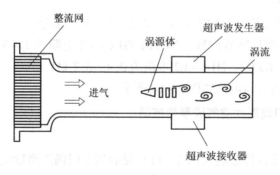

图 2-13 超声波卡门旋涡式空气流量传感器的结构

该空气流量传感器中使用了超声波传感器。所谓超声波，是指频率高于 20 kHz、人耳听不到的机械波。它的方向性好、穿透力强，遇到杂质或物体分界面时会产生显著的反射。利用这些物理性质，可把一些非电量转换成声学参数，通过压电元件转换成电量。超声波探头即超声波换能器，亦称超声波传感器，可分为发射探头和接收探头两部分。利用压电材料的逆压电效应，即当对其通以超声电信号时，它会产生机械波，那么根据此特性制作出来的探头称为发射探头；而利用压电材料的压电效应，即当外力作用在该材料上时，它会产生电荷输出，那么根据此特性制成的探头称为接收探头。

3．工作原理

在卡门涡流发生器下游管路相对两侧安装超声波发射探头和接收探头。卡门涡流对空气密度的影响，会使超声波从发射探头到接收探头的时间较无旋涡时变迟而产生相位差。对此相位信号进行处理，就可得到旋涡脉冲信号，即代表体积流量的电信号输出。

4．检测

超声波卡门旋涡式空气流量传感器测试以三菱车为例来说明（图 2－14）。

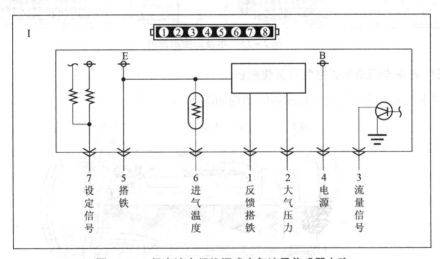

图 2－14　超声波卡门旋涡式空气流量传感器电路

(1) 反馈搭铁：0.1~0.3 V。
(2) 大气压力：侦测大气压力及海拔高度。

　　标准值：海平面时 3.7~4.3 V。

　　　　　海拔 1 200 m 时 3.2~3.8 V。
(3) 流量信号：转速及进气量改变频率信号。
(4) 电源：+12 V；+5 V 电源；控制单元供给传感器的电源。
(5) 搭铁：0 V。
(6) 进气温度：侦测进气温度。

　　标准值：0℃时 3.2~3.8 V。

　　　　　20℃时 2.3~2.9 V。
(7) 设定信号：侦测负荷，校正信号。

　　标准值：发动机怠速时 0~1 V。

3 000 r/min 时 6~9 V。

（8）示波器检测波形（图 2-15）。

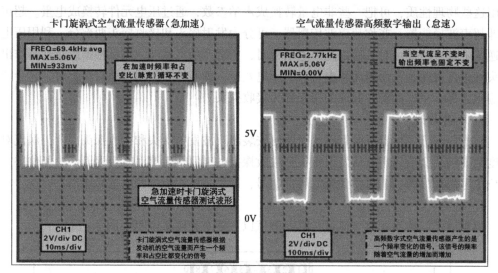

图 2-15　示波器检测波形

（三）光学卡门旋涡式空气流量传感器

光学卡门旋涡式空气流量传感器的结构如图 2-16 所示。

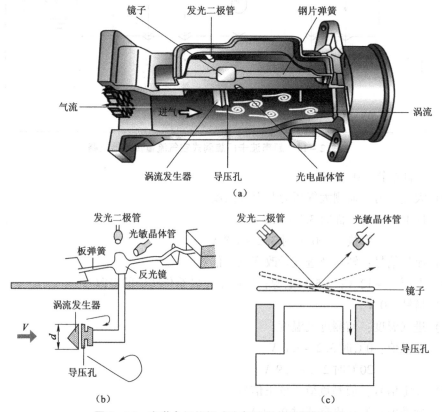

图 2-16　光学卡门旋涡式空气流量传感器的结构

1. 作用

光学卡门旋涡式空气流量传感器与超声波卡门旋涡式空气流量传感器作用相同。

2. 结构

光学卡门旋涡式空气流量传感器主要由管路、涡流发生器、导压孔、弹簧、发光二极管（LED）及光敏晶体管等部分组成。发光二极管作为光源使用，而光敏晶体管为光电转换元件。

3. 工作原理

在空气流量传感器内设置一个反射镜、一对发光二极管和光敏晶体。将反射镜安装在很薄的金属片上，金属片在气流旋涡压力作用下产生振动。这时，发光二极管通过反光镜射到光敏晶体上，光束方向随之发生变化，使光敏晶体以金属片的振动频率导通和截止。因金属片的振动频率与单位时间内流过的旋涡数量成比例，故控制单元便可测得空气流量。

4. 特点

旋涡式空气流量传感器有响应速度快、测量精度高、进气阻力小、无磨损等优点，但它成本较高。

5. 检测

光学卡门旋涡式空气流量传感器检测。

以 LS400 1UZ - FE 发动机为例来说明（图 2 - 17）。

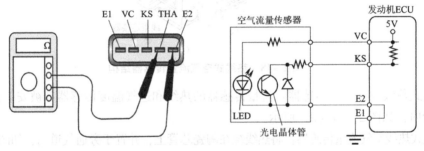

图 2 - 17　光学卡门旋涡式空气流量传感器电路

（1）VC：5 V 电源。

（2）KS：流量传感器脉冲信号，用万用表可测得 2 ~ 4 V 的电压。

（3）E1：反馈搭铁。

（4）E2：搭铁。

（5）THA：进气温度信号。

（四）热线式空气流量传感器

1. 作用

热线式空气流量传感器的作用是检测发动机进气量大小，并将进气量信号转换成电信号输入发动机电控单元，电控单元把此信号用以确定基本喷油量。

2. 结构

热线式空气流量传感器的基本构成包括：感知空气流量的白金热线，根据进气温度进行修正的温度补偿电阻（冷线），控制热线电流的控制电路及壳体（图 2 - 18）。根据白金热线在壳体内安装的部位不同，可分为安装在空气旁通道内的主通式测量方式和安装在空气旁通道内的旁通式测量方式。

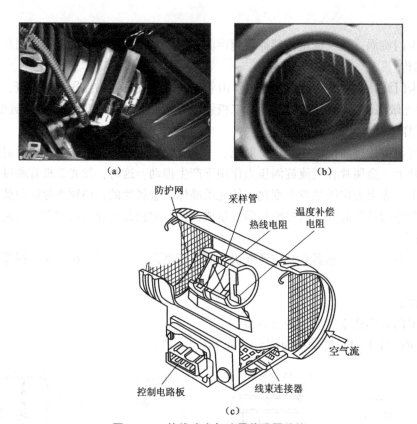

图 2-18 热线式空气流量传感器结构

主通式热线空气流量传感器：流量传感器的热线和进气温度传感器都被安装在主气道中的取样管内，如图 2-19（a）所示。

旁通式热线空气流量传感器：将热线绕在陶瓷芯管上，并置于旁通气道内，如图 2-19（b）所示。

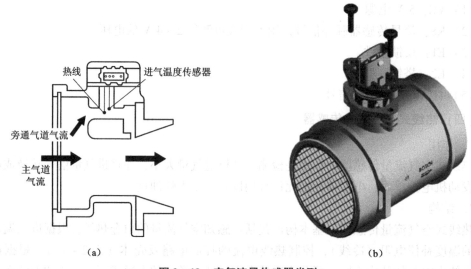

图 2-19 空气流量传感器类型

(a) 主通式热线空气流量传感器；(b) 旁通式热线空气流量传感器

3. 工作原理

实际工作中，代表空气流量的加热电流是通过电桥中的 R_A 转换成电压输出的。电阻 R_H、R_C、R_A、R_B 共同组成惠斯顿电桥，当空气流量发生变化时，引起取样管中白金热丝 R_H 值变化，电桥失去平衡，其输出电位差发生变化；控制电路根据电桥输出电位差的变化调整加热电流 I_C，使电桥处于新的稳定状态，并且在 R_A 上得到代表空气流量的新的电压输出。即当空气流量变化时，流过铂丝的电流也随之发生变化。将这种变化转化成电压或频率信号输入控制单元，即可测得实际的空气流量，如图 2-20 所示。

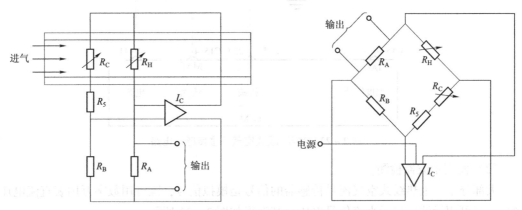

图 2-20 热线式空气流量传感器工作原理

4. 热丝/膜式空气流量传感器检测

热线式空气流量传感器一般有三线、四线、五线三种，其接脚如图 2-21 所示。

三线式空气流量传感器 3 个接脚分别为 +12 V 电源、搭铁和信号线。

四线式多一条控制单元提供的 5 V 参考电源线，也有的车型是防干扰（屏蔽）线。

五线式比三线式多了进气温度信号和搭铁线。

图 2-21 热线式空气流量传感器的接脚

热丝/膜式空气流量传感器电路如图 2-22 所示。

1) 热丝/膜式空气流量传感器检测

(1) 使用万用表检测。

信号：电压。

频率：高频 2 000 ~ 8000 Hz。

　　　低频 30 ~ 50 Hz。

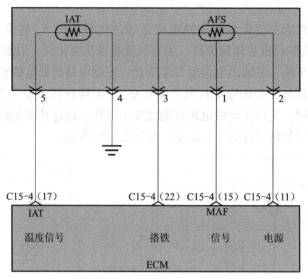

图 2-22 热丝/膜式空气流量传感器电路

（2）使用示波器检测。

大部分车型上热线式空气流量传感器的信号是模拟信号，既可用数字万用表直流电压挡测量，也可用示波器显示直流信号电压，其波形如图 2-23 所示。

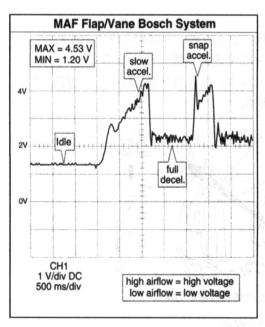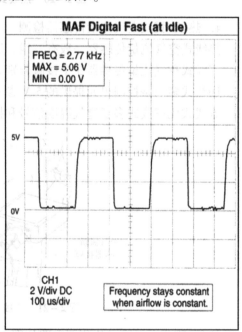

图 2-23 空气流量传感器信号波形

2）典型汽车空气流量传感器

大众 SANTANA 3000 汽车：采用的是热膜式空气流量传感器，输出信号是数字信号。空气流量传感器连接器上有 5 个接脚（端子），由电源继电器给空气流量传感器接脚 2 提供 12 V 电源，接脚 1 为进气温度传感器信号线，接脚 3、4、5 分别为搭铁接脚、5 V 电源接脚、信号接脚，如图 2-24 所示。

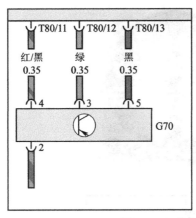 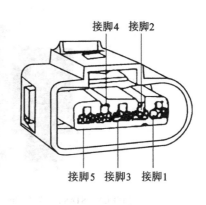

图 2-24 热膜式空气流量传感器电路

(1) 使用万用表检测。

使用万用表检测情况如表 2-1 所示。

表 2-1 大众 SANTANA 3000 空气流量传感器检测数据标准值

空气流量传感器接脚	信号/V		
	接通点火开关	怠速	2 000 r/min
2~3	12	12	12
4~3	5	5	5
5~3	1	1.46	1.76

(2) 用解码器读取数据流。

用解码器读取数据流的要求是：发动机水温在 80℃ 以上，无外负荷（空调、大灯、动力转向均不工作）。

用解码器读取的数据情况如表 2-2 所示。

表 2-2 用解码器读取的数据情况

数据项	怠速（理论值）	怠速（经验值）	急加速
转速/($r \cdot min^{-1}$)	800±30	760~800	急升
进气量/($g \cdot s^{-1}$)	2.0~4.0	2.5~2.8	>20（40）

3) 典型汽车空气流量传感器

车型：通用别克君威车采用的热线式空气流量传感器（图 2-25），由于在空气流量传感器内部装置了一个 A/D 转换器，所以其输出信号是数字频率信号。

故障现象：行驶 10 万 km，怠速微抖，加速不良并回火，2 s 后才升至 3 000 r/m，缓加速正常，行驶无力并发"闯"。

维修进度：已做必要保养，更换高压线、火花塞。

(1) 数据测试结果如表 2-3 所示。

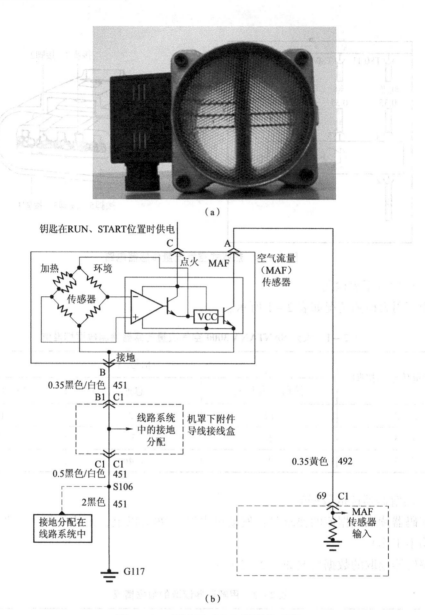

图 2-25 别克君威空气流量传感器
(a) 别克君威热线式空气流量传感器 (b) 别克君威空气流量传感器电路

表 2-3 数据测试结果

数据项	怠速（理论值）	怠速（经验值）	怠速（实际值）	结论
转速/(r·min^{-1})	800±30	760~800	720~860	怠速波动大
进气量/(g·s^{-1})	2.0~4.0	2.5~2.8	3.2~3.6	过大
喷油脉宽/ms	2.0~5.0	1.65~1.9	2.85	过长
点火提前角/(°)	12±4.5	12±2	7~12	变化过大，点火或修正
节气门开度/(°)	0~5	2~4	7	过大，ECU 修正
氧传感器/V	0.1~1.0（变）	0.1~1.0（变）	0.635±0.1	过浓

(2) 数据流分析。

a. 数据流变化情况。

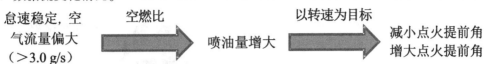

导致故障：氧传感器电压长时间过高（过浓），急加速不良，缓加速可以。

b. 自适应。

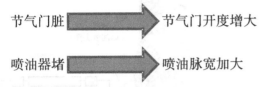

c. 急加速试验数据如表 2-4 所示。

表 2-4　急加速试验数据

数据项	急加速（经验值）	急加速（实际值）	结论
转速	急升	慢，并回火	
进气量/（g·s^{-1}）	>20（40）	（未随转速提升）15	
喷油脉宽/ms	>10	<10	
点火提前角/（°）	≈40	先 20，2 s 后 30	
节气门开度	变化	正常变化	
氧传感器/V	>0.8	变化不明显	

d. 故障原因。

故障原因：空气流量传感器故障。

故障分析：急速时，由于空气流量传感器信号偏大，混合气过浓，使 ECU 修正；急加速时，进气信号偏低，使混合气过稀而回火。

e. 维修方法：更换新的空气流量传感器。

f. 故障验证：更换空气流量传感器后，再次读取发动机急速时的数据流，如表 2-5 所示。

表 2-5　再次读取的发动机急速时的数据

数据项	经验值	更换前	更换后
转速/（r·min^{-1}）	760~800	720~860	760~800
进气量/（g·s^{-1}）	2.5~2.8	3.2~3.6	2.65
喷油脉宽/ms	1.65~1.9	2.85	1.85
点火提前角/（°）	12±2	7~12	12
节气门开度/（°）	2~4	7	4
氧传感器/V	0.1~1.0（变）	0.635±0.1（变）	0.325~0.675（变）

（五）热膜式空气流量传感器

热膜式空气流量传感器的工作原理与热线式空气流量传感器类似，它们都是用惠斯顿电桥工作的。所不同的是：热膜式不使用白金丝作为热线，而是将热线电阻、补偿电阻及桥路电阻用厚膜工艺制作在同一陶瓷基片上构成的，其结构如图 2-26 所示。

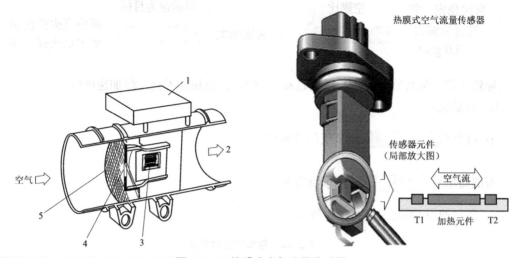

图 2-26　热膜式空气流量传感器

1—控制电路；2—通往发动机；3—热膜；4—进气温度传感器；5—金属网

热膜式空气流量传感器工作原理：在空气质量流量传感器工作时，若无气流通过，加热区域两侧温度梯度呈对称分布，两个测量点温度一致。

当气流单向流过时，由于气流通过中心的加热区时被加热，所以与两侧热膜的热交换情况不同，使流量传感器中的两个传感元件测量点温度发生不同变化，产生温差。温度差随着流量增大而增大。温度差的大小和正负反映了空气质量流的流量和方向。内置的评估电路相应地将温差转化为电压信号输出，如图 2-27 所示。

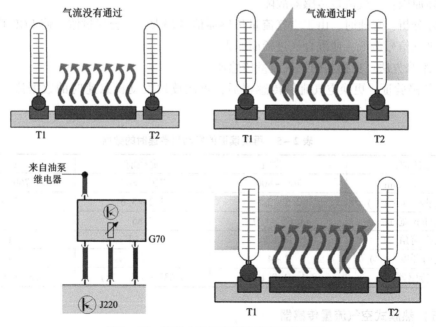

图 2-27　热膜式空气流量传感器工作原理

热膜式空气流量传感器检测与热线式空气流量传感器检测相同。

课题三 进气歧管绝对压力传感器

一、作用

依据发动机的负荷状态，测出进气歧管内绝对压力的变化，并将其转换成电压信号与发动机转速信号一起输送到 ECU，推算出吸入发动机的空气量。它是决定喷油器基本喷油量和点火时刻的依据。

二、安装位置

进气歧管绝对压力传感器简称进气压力传感器，被安装在进气歧管上（图2-28）。

图2-28 进气歧管压力传感器

三、进气歧管绝对压力传感器的类型

进气歧管绝对压力传感器根据结构不同，可分为膜盒式进气歧管压力传感器、半导体应变式进气压力传感器及电容式压力传感器三种。以下介绍前两种。

（一）膜盒式进气歧管压力传感器

1. 结构

这种进气压力传感器由内部真空的膜盒、与膜盒连接的铁芯、壳体等组成，如图2-29所示。

2. 工作原理

膜盒式进气歧管压力传感器（图2-30）内的弹性金属膜盒与大气相通。与膜盒连接在一起的衔铁可以在线圈绕组中移动。当进气歧管压力发生变化时，膜盒膨胀，衔铁在线圈绕组内的位置随之发生相应的变化，从而影响线圈绕组周围的电磁场。这样便可把膜盒的机械运动转换成电信号。控制单元根据这个信号即可测出进气歧管压力。

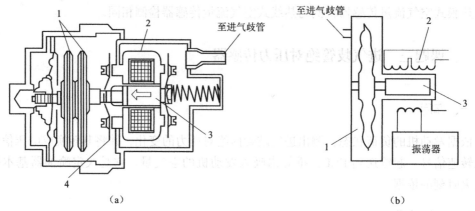

图 2-29 膜盒式进气歧管压力传感器的结构
1—膜盒；2—衔铁；3—铁芯；4—回位弹簧

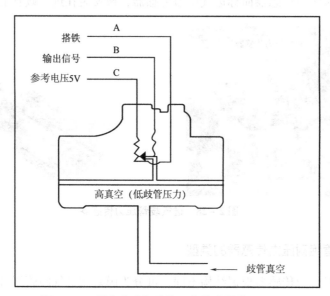

图 2-30 膜盒式进气歧管压力传感器的工作原理

(二) 半导体应变式进气压力传感器（绝对压力传感器）

1. 结构

这种传感器主要由硅膜片、真空室、混合集成电路、线束连接插头及壳体组成。功能部件是硅膜片和应变电阻。

硅膜片是压力转换元件，用单晶硅制成，中央部位薄膜片表面的圆周上有左右四只阻值相等的应变电阻片（应变片）。四只电阻连接成惠斯顿电桥电路，然后再与传感器内部的温度补偿电路和信号放大电路等混合集成电路连接。

2. 工作原理

当进气歧管压力变化时，硅膜片随之发生变形，这时传感器电阻的阻值即随之发生相应的变化，使桥式电路输出正比于进气压力的电压信号。控制单元根据该信号即可测出进气歧管的压力，如图 2-31 (c) 所示。

输出特性：进气歧管内绝对压力越高，硅膜片的变形越大，其变形量与压力成正比。

当传感器输入电压一定时,若作用在圆形硅膜片上的压力越高,输出电压就越高,如图2-31(d)所示。

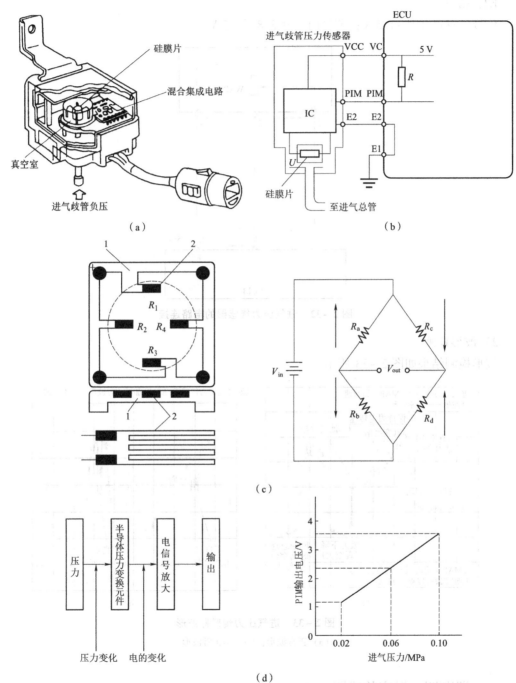

图2-31 半导体应变式进气压力传感器
(a)结构及外形;(b)与ECU连接电路;(c)结构原理;(d)输出原理
1—硅膜片;2—应变电阻

3. 进气压力传感器检测

1)三线式

三线式进气压力传感器的电路连接如图 2-32 所示。

VC：5 V。

E2：搭铁。

信号：急速 0.8~1.5 V；节气门全开 3.8~4.5 V。

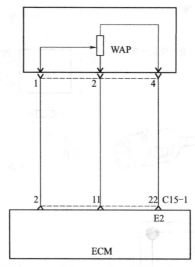

图 2-32　进气压力传感器的电路连接

2）波形检测

波形检测结果如图 2-33 所示。

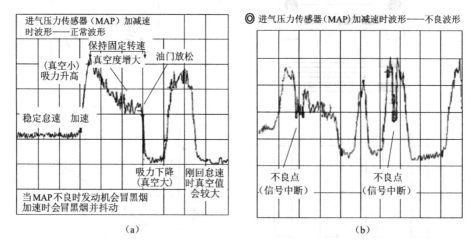

图 2-33　进气压力传感器波形
（a）正常波形；（b）不正常波形

课题四　温度传感器

一、温度传感器作用

温度传感器是将被测对象的温度信号转变为电信号输入电控单元 ECU，以便 ECU 修正控制参数或判断检测对象的热负荷状态。

二、电控发动机上的温度传感器

电控发动机上的温度传感器包括冷却液温度传感器、进气温度传感器、燃油温度传感器和排气温度传感器等。

(一) 冷却液温度传感器 (ECT)

冷却液温度传感器又称水温传感器，是双线的传感器，安装在发动机缸体、缸盖的水套或节温器壳内，并伸入水套中。热敏电阻式水温传感器与冷却水直接接触，用来检测水温。

1. 作用

冷却液温度传感器将发动机冷却液温度信号变换为电信号输入发动机电控单元 ECU，供 ECU 修正喷油时间和点火时间，使发动机处于最佳工作状态。

2. 结构

冷却液温度传感器中有一个内置式热敏电阻（图 2-34），其电阻随着发动机冷却液温度的变化而变化。

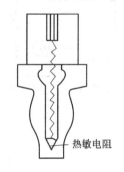

图 2-34　冷却液温度传感器

3. 工作原理

当冷却液温度变低时，热敏电阻的电阻值增加。温度变高时，热敏电阻的电阻值减小，如图 2-35（a）所示。电阻值的这些变化被作为电压的变化传送给发动机控制模块（ECM）。ECM 的 5 V 电源电压从端子 THW 经电阻器 R 施加到冷却液温度传感器上。电阻器 R 和冷却液温度传感器是串联的。冷却液温度传感器的电阻值变化时，端子 THW 上的电压也相应变化，如图 2-35（b）所示。当发动机冷机工作时，ECM 根据此信号增加燃油喷射量以提高操纵性能。

4. 冷却液温度传感器检测

（1）使用解码器读数据流，可判断线路是否有短路或断路。如果存在电路断路，智能检测仪将显示 -40℃；如果存在电路短路，智能检测仪将显示 140℃ 或更高。

（2）检查线束和连接器（电路如图 2-36 所示）。

① B3-2-B31-97（THW）始终小于 1 Ω。

② B3-1-B31-96（ETHW）始终小于 1 Ω。

③ B3-2 或 B31-97（THW）-车身搭铁始终 10 kΩ 或更大。

（3）冷却液温度传感器电阻检查，电阻值如表 2-6 所示。

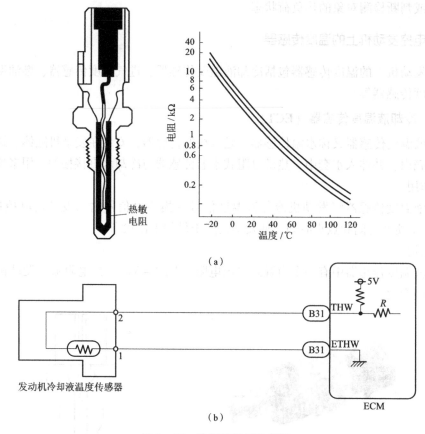

(a)

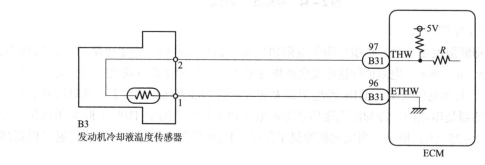

(b)

图 2-35 冷却液温度传感器
(a) 特性曲线 (b) 冷却液温度传感器电路

图 2-36 冷却液温度传感器与电脑连接示意

表 2-6 电阻值

温度/℃	电阻/kΩ	温度/℃	电阻/kΩ
0	6	60	0.6
20	2.2	80	0.25
40	1.1		

(二) 进气温度传感器

1. 作用

进气温度传感器检测发动机进气温度,将进气温度信号变换为电信号输入发动机电控单元 ECU,以便 ECU 修正喷油量。

2. 安装位置

进气温度传感器有的安装在进气管路中,有的安装在空气流量传感器内,有的安装在进气歧管绝对压力传感器内。

3. 工作原理

进气温度传感器与冷却液温度传感器结构及工作原理相同。它是双线的传感器,内部是一个负温度系数的热敏电阻,电阻变化产生不同的信号电压,温度升高时阻值下降,信号电压也下降(图 2-37)。

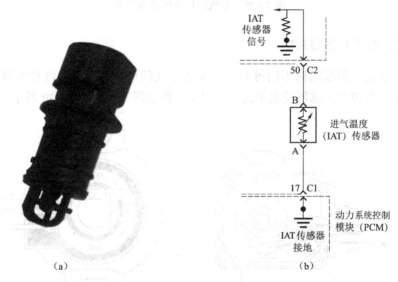

图 2-37 进气温度传感器
(a) 实物图;(b) 别克君威进气温度传感器电路

4. 检测

进气温度传感器的检测与发动机冷却液温度传感器的检测方法相同。

课题五 节气门位置传感器 (TPS)

一、节气门位置传感器功用

节气门位置传感器的功用:一是将节气门开度(即发动机负荷)转变为电信号输入发动机 ECU,使其修正空燃比以适应发动机工况的变化;二是在装备电子控制自动变速器的汽车上,自动变速器控制单元把节气门位置传感器信号和车速信号作为确定变速器换挡时机和变矩器锁止时机的主要信号;三是当空气流量传感器无信号时,发动机 ECU 利用节气门开度信号和发动机转速信号计算进气量。

二、安装位置

节气门位置传感器安装在节气门体旁与节气门轴联动,如图2-38所示。

图2-38 节气门位置传感器位置

三、节气门位置传感器类型

节气门位置传感器按结构不同可分为开关式节气门位置传感器、线性节气门位置传感器、综合式节气门位置传感器及电子式节气门位置传感器等,如图2-39所示。

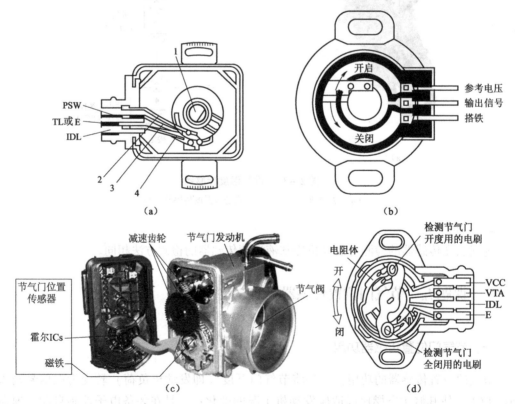

图2-39 节气门位置传感器类型
(a)开关式节气门位置传感器;(b)线性节气门位置传感器;
(c)电子式节气门位置传感器;(d)综合式节气门位置传感器
1—节气门轴;2—满负荷触头;3—动触头;4—怠速触头

（一）开关式节气门位置传感器（触头式）

1. 结构

开关式节气门位置传感器内部有两对触头，即怠速开关触头和全负荷开关触头，如图 2－40 所示。

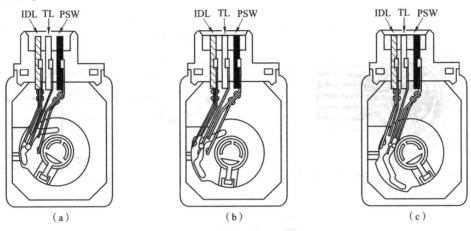

图 2－40　开关式节气门位置传感器工作原理
（a）怠速触头接触；（b）无触头接触；（c）全负荷触头接触

2. 工作原理

发动机在怠速或强制怠速时，怠速触头闭合，控制单元根据此信号对怠速时的混合气进行微调，并修正点火提前角，切断废气再循环系统；强制怠速时，切断供油。当节气门开度超过一定角度时，全负荷触头闭合，控制单元据此信号加浓混合气，提高发动机的输出功率。

3. 缺点

测量的信号不准确。

（二）线性节气门位置传感器

线性节气门位置传感器采用线性电位计，由节气门轴带动电位计的滑动触头，在不同的节气门开度下，接入回路的电阻是不同的。

线性节气门位置传感器是一种线性电位计。控制单元通过该传感器可以获得节气门开度从全闭到全开连续变化的信号，以及开闭速度的信号，从而精确判断发动机的运行工况，以提高控制精度和效果，如图 2－41 所示。

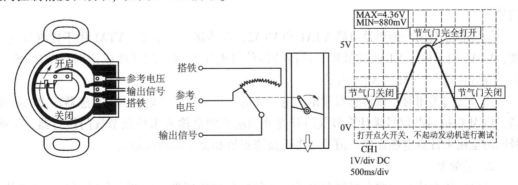

图 2－41　线性节气门位置传感器

(三) 综合式节气门位置传感器

综合式节气门位置传感器（图 2-42）是由一个怠速开关触头和可变（滑动）电阻组成的。怠速时，怠速触头闭合，输出怠速信号；其他工况随节气门开度的增大，输出信号电压也提高，直到全开时电压达到最大。

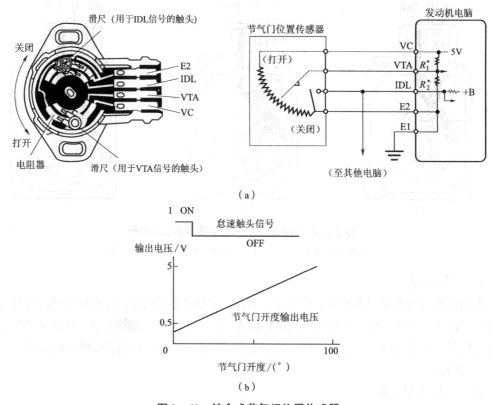

图 2-42 综合式节气门位置传感器
(a) 结构及工作电路；(b) 输出特性

(四) 电子式节气门位置传感器

1. 非接触型

非接触型电子式节气门位置传感器安装在节气门体总成上，检测节气门开度。该传感器使用霍尔效应元件，便于在极端的条件下行驶，例如在高速以及极低车速时也能生成精确的信号。

该传感器有两个传感器电路 VTA1 和 VTA2，各传送一个信号。VTA1 用于检测节气门开度，VTA2 用于检测 VTA1 的故障。该传感器信号电压与节气门开度成比例，在 0~5 V 变化，并且传送至 ECM 的 VTA 端子。

当节气门关闭时，该传感器输出的电压降低；当节气门开启时，该传感器输出的电压升高。ECM 根据这些信号来计算节气门开度并响应驾驶员输入来控制节气门执行器。这些信号同时也用来计算空燃比修正值、功率提高修正值和燃油切断控制值。

2. 接触型

节气门体总成包含两个接触型电子式节气门位置传感器。这两个传感器是不可维修的。

它们所提供的电压信号随节气门开度变化而变化。发动机控制模块（ECM）向它们提供一个公用5 V参考电压电路、一个公用低电平参考电压电路和两个独立的信号电路。

当加速踏板增加至节气门全开（WOT）时，节气门位置传感器1信号电压下降，节气门位置传感器2信号电压上升，如图2-43所示。

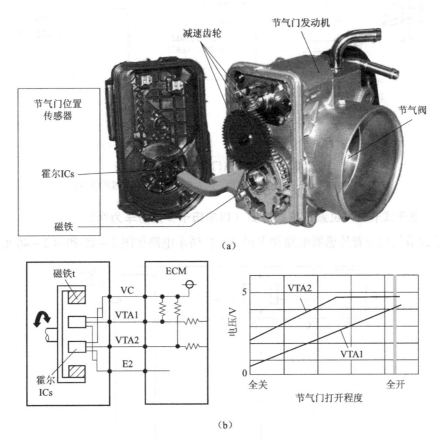

图2-43 电子式节气门位置传感器
(a) 结构；(b) 原理

四、节气门位置传感器检测

（一）线性节气门位置传感器的常见故障与检测

线性节气门位置传感器内部结构是一个可变（滑动）电阻，可用诊断仪读取信号电压或节气门开度，怠速时为0.5~0.6 V，节气门全开时约4.5 V。也可用万用表电阻挡和直流电压挡检测节气门位置传感器的电阻与直流电压信号（图2-44）。

线性节气门位置传感器的接线有3线（可变电阻式）和4线（综合式）两种，日本车系一般采用4线，其他车系一般采用3线。

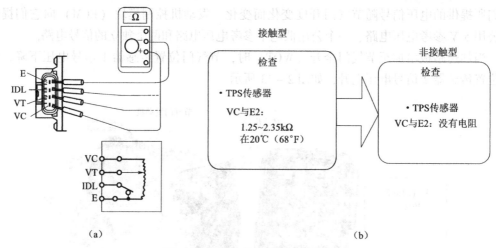

图 2-44 节气门位置传感器检测
(a) 线性节气门位置传感器检测；(b) 电子式节气门位置传感器检测

(二) 电子式节气门位置传感器检测（以丰田卡罗拉轿车为例）

电子式节气门位置传感器电路和丰田卡罗拉轿车电路如图 2-45 和图 2-46 所示。

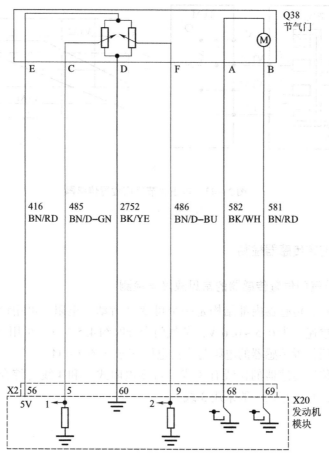

图 2-45 电子式节气门位置传感器电路

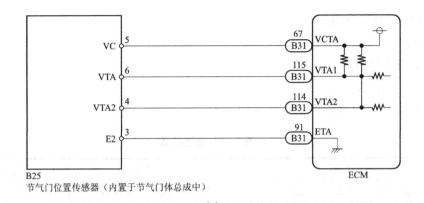

图 2-46 丰田卡罗拉轿车电路
(a) 电路连接图；(b) 线束连接器前视图；(c) 线束连接器视图

1. 检查线束和连接器

检测要求：

(1) 断开节气门体线束连接器。

(2) 断开 ECM 连接器。

(3) 根据表 2-7 和表 2-8 中的值测量电阻。

表 2-7 断路检查数据

检测仪连接	条件	规定状态
B25-5 (VC) - B31-67 (VCTA)	始终	小于 1 Ω
B25-6 (VTA) - B31-115 (VTA1)	始终	小于 1 Ω
B25-4 (VTA2) - B31-114 (VTA2)	始终	小于 1 Ω
B25-3 (E2) - B31-91 (ETA)	始终	小于 1 Ω

表 2-8 短路检查数据

检测仪连接	条件	规定状态
B25-5 (VC) 或 B31-67 (VCTA) - 车身搭铁	始终	10 kΩ 或更大
B25-6 (VTA) 或 B31-115 (VTA1) - 车身搭铁	始终	10 kΩ 或更大
B25-4 (VTA2) 或 B31-114 (VTA2) - 车身搭铁	始终	10 kΩ 或更大

2. 检查 ECM（VC 电压）

检测要求：

（1）断开节气门体线束连接器。

（2）将点火开关置于 ON 位置。

（3）根据表 2-9 中的值测量电压。

表 2-9 检查数据

检测仪连接	开关状态	规定状态
B25-5（VC）- B25-3（E2）	点火开关置于 ON 位置	4.5~5.5 V

3. 用示波器进行检测

接通点火开关，观察节气门开度变化时的信号电压，显示标准波形（图 2-47）。

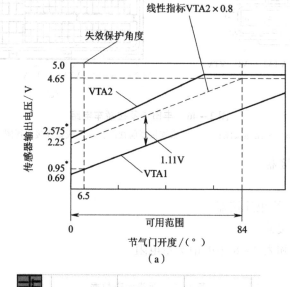

(a)

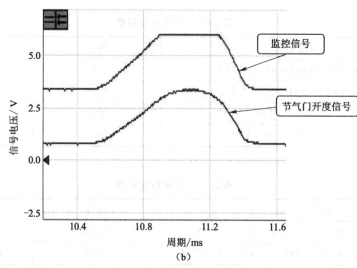

(b)

图 2-47 示波器检测波形

(a) 节气门开度变化/(°)；(b) 节气门信号波形

课题六 实验实训

一、技能要求

（1）用解码器读取进气系统故障码、数据流的方法。
（2）会进行传感器的检测。
（3）能进行进气系统真空测试并能分析测试结果。
（4）能进行进气系统主要部件的检测及更换。
（5）能进行进气系统典型故障的诊断。
（6）建立进气系统故障诊断思路。
（7）能查阅使用维修技术资料。

二、建议开设实验/实训项目

（1）进气系统检修。
（2）空气流量传感器、进气歧管压力传感器、节气门位置传感器故障诊断及检测。
（3）进气温度传感器、水温传感器的故障诊断及检测。

小结

本项目发动机进气系统是汽车的重要系统，是发动机保持最佳工作状态的主要系统。在本项目中，主要学习发动机进气系统认识，基本信号空气流量传感器、进气歧管压力传感器、节气门位置传感器，修正信号发动机冷却液温度传感器、发动机进气温度传感器的结构和工作原理；学习每个系统工作条件、故障现象、检测方法等，建立故障诊断思路。

发动机进气系统各个部件的检查应遵循维修手册规定，同时参考生产中的简易方法，但须确保安全。

项目三
发动机燃油系统检测与维修

1. 知识目标

能描述电控燃油供给系统的组成及作用；

能描述电动汽油泵、喷油器、燃油压力调节器的结构及工作特点；

能描述喷油泵、喷油量的控制原理；

能描述燃油滤清器、燃油分配管结构及作用。

2. 能力目标

能查阅使用维修技术资料；

能使用解码器读取燃油系统故障码、数据流；

能进行执行元件的动作测试方法；

能独立完成燃油系统燃油压力测试并能分析测试结果；

能进行燃油系统主要部件的检测及更换；

能规范使用、检修燃油系统部件及检测仪器；

掌握燃油系统典型故障的诊断方法；

建立燃油系统故障诊断思路。

课题一　认识汽油发动机燃油系统

一、燃油供给系统功用、组成及类型

（一）燃油供给系统功用

（1）提供汽油喷射所需的压力燃油。

（2）电脑控制喷油器定量地将燃油喷入进气歧管。

（二）燃油供给系统组成

燃油供给系统的工作过程如图 3-1 所示。

燃油供给系统由燃油泵、燃油滤清器、油压脉动阻尼器、燃油压力调节器、喷油器、燃油分配管（油轨）等组成。

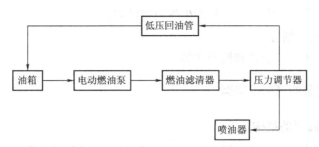

图3-1 燃油供给系统工作过程示意

(三) 燃油供给系统类型

(1) 有回油管的燃油供给系统如图3-2所示。

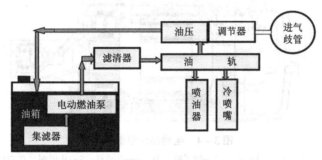

图3-2 有回油管的燃油供给系统示意

该系统有独立的回油管路,根据发动机转速和负荷,由进气歧管真空度调节燃油压力调节器的开度,进而调节返回油箱的回油量。

(2) 无回油管的燃油供给系统如图3-3所示。

该系统也称为无负荷调整系统,它将燃油压力控制在一个恒定的压力值。

课题二 电动燃油泵

一、电动燃油泵的作用

(1) 提供压力燃油。
(2) 限制最高油压。
(3) 能够在一定时间内保持系统中的压力。
(4) 过滤燃油。

二、电动燃油泵的分类

1. 按安装位置不同来划分

内置式——安装在油箱中,具有噪声小、不易产生气阻、不易泄漏、管路安装简单等特点。

外置式——串接在油箱外部的输油管路中,具有

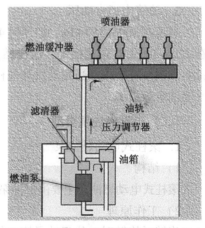

图3-3 无回油管的燃油供给系统示意

易布置、安装自由大,但噪声大、易产生气阻等特点。

2. 按结构不同来划分

涡轮式、滚柱式、转子式和侧槽式等。

三、电动燃油泵的结构及类型

(一) 电动燃油泵的结构

电动燃油泵由油泵电动机、转子叶片泵、溢流阀(安全阀)和止回阀(出油阀)等组成,安装在油箱内,如图3-4所示。

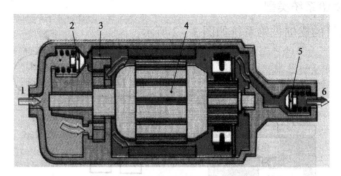

图3-4 电动燃油泵结构示意

1—进油侧;2—溢流阀(单向阀);3—转子叶片泵;4—电动机;5—止回阀(单向阀);6—出油口

1. 溢流阀

溢流阀是一个单向阀,当油管或燃油滤清器内发生阻塞,泵油压力大于0.4 MPa时,减压阀就会被顶开,使部分燃油从出油口回流至进油口,达到减压的目的。不同车型减压阀的限压压力可能不同。

2. 止回阀

止回阀是一个单向阀,它相当于燃油泵的出油阀。当转子叶片泵输出的压力达到一定值时,将止回阀顶开,输出一定压力的燃油,而电动机停转时,止回阀关闭,防止油管内压力油回流,使油管内保持一定的残余压力,以利于下一次起动发动机。

3. 油管中正常油压

怠速时300~350 kPa、加速时400 kPa左右;发动机稳定在3 000 r/min时,油压表指针在220~300 kPa迅速摆动,这样燃油泵是正常的;如果此时指针在某一位置略有停顿,就说明燃油泵有磨损。当发动机其他机件正常时,热天长时间行车后怠速发抖或易熄火,一般是燃油泵磨损了。

(二) 电动燃油泵类型

1. 滚柱式电动燃油泵

1) 结构

滚柱式电动燃油泵主要由燃油泵电动机、滚柱、止回阀、安全阀等组成,如图3-5所示。

2) 工作原理

当转子旋转时,位于转子槽内的滚柱在离心力的作用下,紧压在泵体内表面上,对周围起密封作用,在相邻两个滚柱之间形成工作腔。在燃油泵运转过程中,工作腔转过出油口

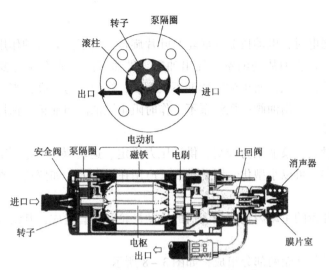

图 3-5 滚柱式电动燃油泵结构示意

后,其容积不断增大,形成一定的真空度。当转到与进油口连通时,将燃油吸入;而吸满燃油的工作腔转过进油口后,容积不断减小,使燃油压力提高,受压燃油流过电动机,从出油口输出。

2. 涡轮式电动燃油泵

1) 结构

涡轮式电动燃油泵主要由燃油泵电动机、涡轮泵、止回阀、安全阀等组成,如图 3-6 所示。

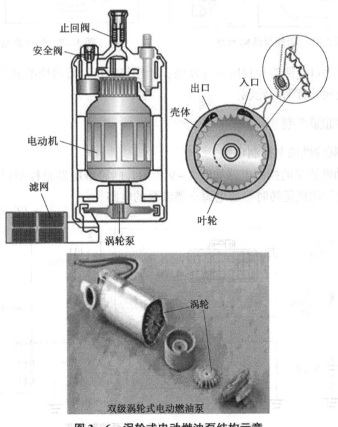

双级涡轮式电动燃油泵

图 3-6 涡轮式电动燃油泵结构示意

2) 工作原理

油泵电动机通电时，电动机驱动涡轮泵叶片旋转，由于离心力的作用，叶轮周围小槽内的叶片贴紧泵壳，将燃油从进油室带往出油室。进油室的燃油不断增多，形成一定的真空度，将燃油从进油口吸入；而出油室燃油不断增多，燃油压力升高，当达到一定值时，顶开出油阀从出油口输出。出油阀在燃油泵不工作时阻止燃油流回油箱，保持油路中有一定的压力，便于下次起动。

优点：泵油量大、泵油压力较高、供油压力稳定、运转噪声小、使用寿命长等。此外，由于不需要消声器，可以小型化，因此被广泛应用在轿车上，如捷达、本田雅阁等。

3. 齿轮泵

齿轮泵由带外齿的主动齿轮、带内齿的从动齿轮和泵套组成，其结构如图3-7所示。

4. 侧槽泵

侧槽泵由法兰与叶轮两部分组成，如图3-8所示。

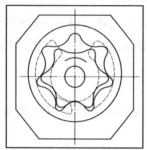
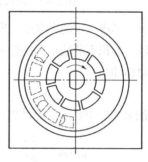
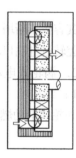

图3-7 齿轮泵结构示意　　　　图3-8 侧槽泵结构示意

法兰包括进油口、侧槽和封闭式导流槽；叶轮包括正对着边槽的翼片环和可使燃油从导流槽穿过叶轮流向其背面的轮辐。

四、电动燃油泵控制

1. ECU控制的燃油泵控制电路

ECU对电动燃油泵的控制电路如图3-9所示，断路继电器是控制回路中重要的组成部分，其作用是在发动机运转时接通电源至燃油泵的电路。

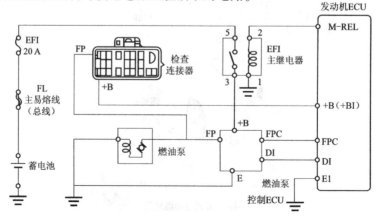

图3-9 ECU控制的燃油泵控制电路

当接通点火开关时，主继电器通电，触头闭合，电源向燃油喷射系统供电，ECU 接收到点火开关的闭合信号后，继电器线圈 L_1 通电，由于无转速信号输入，只控制燃油泵短时间（2~4 s）工作，使供油管路中的油压增高，为发动机起动做好准备。发动机正常运转时，转速信号 Ne 输入 ECU，ECU 内的晶体管导通，继电器线圈 L_2 通电。因此，只要发动机运转，继电器触头总是闭合的。如果发动机停止运转，晶体管截止，继电器线圈 L_2 断电，其触头断开，燃油泵停止工作。

2. 燃油泵开关控制

燃油泵开关控制电路如图 3-10 所示。

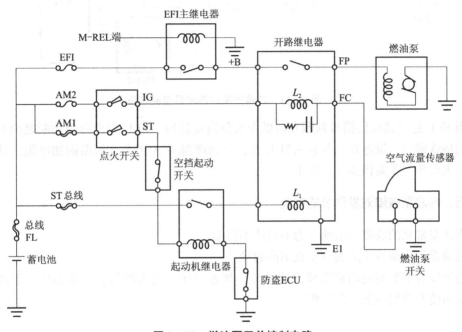

图 3-10 燃油泵开关控制电路

接通点火开关，主继电器触头闭合，电源向燃油喷射系统供电。

起动发动机时，将点火开关转到起动挡，断路继电器线圈 L_2 通电，使其触头闭合，电源通过主继电器和断路继电器向燃油泵供电，燃油泵开始工作。

发动机在工作过程中，空气通过空气流量传感器，使燃油泵开关接通，断路继电器中的线圈 L_1 通电，其触头保持闭合状态。

发动机停止运转时，空气流量传感器复位，断路继电器即刻切断燃油泵电路，燃油泵停止工作。

3. 具有转速控制的燃油泵控制电路

具有转速控制的燃油泵控制电路如图 3-11 所示。电路的特点是在 ECU 控制电路的基础上增设了燃油泵控制继电器。

接通点火开关，主继电器触头闭合，电源向燃油喷射系统供电。

当发动机在怠速或中小负荷下工作时，ECU 发出指令接通燃油泵控制继电器线圈的搭铁回路，线圈通电，使燃油泵控制继电器动合触头 B 闭合，由于附加电阻串入电路，故燃油泵以较低的转速运转，噪声和供油量均较小。

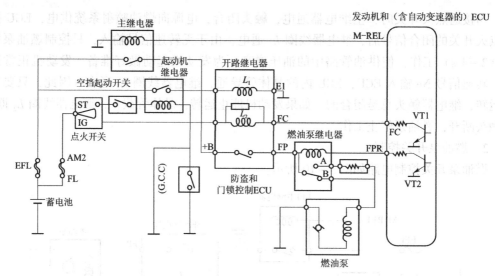

图 3-11 转速控制的燃油泵控制电路

当 ECU 通过接收的信号判断发动机为大负荷运转时，ECU 发出指令切断燃油泵继电器线圈的搭铁回路，继电器动合触头 B 打开，而动断触头 A 闭合，短路附加电阻，从而满足发动机大负荷工作对供油量的要求。

五、燃油泵故障对发动机的影响

燃油泵常见的故障为供油压力不足或不供油。

燃油泵不供油直接造成发动机不能起动。

燃油压力不足对发动机造成怠速油压、加速油压、最大油压、调节油压、保持油压过低，从而使发动机不能正常工作。

课题三 喷油器

喷油器是电控燃油喷射系统中一个非常重要的执行元件，在 ECU 的控制下，把雾化良好的燃油喷入进气管道。电控燃油喷射系统中都使用电磁式喷油器。在多点电控燃油喷射系统和单点电控燃油喷射系统中，由于喷射系统的不同，对喷油器的性能要求不完全相同，因此喷油器在结构上也存在差异。

一、喷油器的构造与工作原理

1. 喷油器的构造

按喷油口的结构不同，喷油器可分为孔式和轴针式两种，如图 3-12 所示。

喷油器主要由过滤网、电磁线圈、回位弹簧、衔铁和针阀等组成，针阀与衔铁制成一体。

2. 工作原理

喷油器不喷油时，回位弹簧通过衔铁使针阀紧压在阀座上，防止滴油。电磁线圈通电时，产生电磁吸力，将衔铁吸起并带动针阀离开阀座，同时回位弹簧被压缩，燃油经过针阀

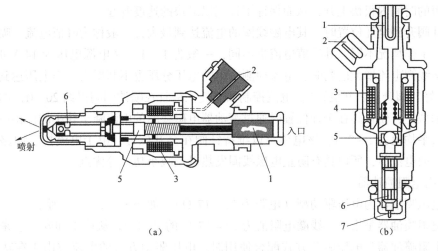

图 3-12 喷油器结构示意

(a) 孔式喷油器；(b) 轴针式喷油器

1—过滤网；2—电插头；3—电磁线圈；4—回位弹簧；5—衔铁；6—针阀体；7—针阀

并从轴针与喷口的环隙或喷孔中喷出。当电磁线圈断电时，电磁吸力消失，回位弹簧迅速使针阀关闭，喷油器停止喷油。

由于汽车上的电源电压不是恒定的，为了消除电源电压变化对喷射量的影响，在电源电压变化时，常采用改变通电时间的方法予以修正，电源电压低时适当延长喷射时间，电源电压高时适当缩短喷射时间。其修正值随喷油器的规格及驱动方式的不同而略有差异。

二、喷油器的类型和驱动方式

(一) 喷油器的类型

喷油器按电阻分有低电阻喷油器和高电阻喷油器。

1. 低电阻喷油器

低电阻喷油器分为电压驱动型（喷油器电阻 $0.6 \sim 3\ \Omega$，附加电阻 $6\ \Omega$）和电流驱动型（电阻 $0.6 \sim 3\ \Omega$，开启电流 $1 \sim 4\ A$，保持开启电流 $1 \sim 2\ A$），如图 3-13 (a) (b) 所示。

低电阻喷油器与电压驱动方式配合使用时，应在驱动回路中加入附加电阻。这是因为在低电阻喷油器中减少了电磁线圈的电阻和匝数，减少了电感，其优点是喷油器本身响应特性好。但由于电磁线圈电阻的减少会使电流增加，加速了电磁线圈的发热以致损坏，所以在回路中设置附加电阻。

电压驱动方式的回路较简单，但由于在回路中加入了附加电阻，回路电阻大，导致流过喷油器的电流减小，喷油器产生的电磁力降低，这从动态范围看稍有不利。

如图 3-13 (b) 所示，电流驱动方式的回路没有使用附加电阻。低电阻喷油器直接与电源连接，因而回路阻抗小，触发脉冲接通后，电磁线圈电流上升快，针阀能快速打开，这从动态范围看是相当有利的，因为缩短了开启时间。在这种方式的回路中，增加了电流控制回路，在脉冲电流使电磁线圈电路接通后，它能控制回路中的工作电流，防止其上升过高。当控制回路根据微机输出的脉冲信号使功率三极管导通时，能及时接通喷油器电磁线圈电路。由于在开始阶段，三极管处于饱和导通状态，回路阻抗小，所以喷油器电磁线圈的电流能在极短的时间内很快上升,从而保证了针阀以最快的速度升起。

当针阀升到全开位置时,其电磁线圈的电流达到最大,一般称为峰值电流。喷油器的结构不同,工作情况不同,其峰值电流也不同,一般为 1~4 A(电源电压为 14 V 时)。在喷油器电磁线圈电流增大的同时,电流检测电阻的电压分压也不断增大,当电压达到设定值时(此时恰好针阀升至全开位置),电流控制回路使三极管在喷油期间以约 20 MHz 的频率交替地导通和截止,使针阀在全开位置时通过喷油器电磁线圈的电流降至较小的保持电流,一般保持电流平均值为 1~2 A,该电流足以维持针阀在全开位置。由于电流控制回路限制住针阀全开时的电流值,所以具有防止电磁线圈发热以及减小功耗等优点。

2. 高电阻喷油器

高电阻喷油器为电压驱动型(电阻为 12~17 Ω),如图 3-13(c)所示。

高电阻喷油器是指电磁线圈电阻值为 12~17 Ω 的喷油器。从成本和安装上来说是有利的。高电阻喷油器与电压驱动方式配合使用时,电压驱动方式的电流波由于在功率管(实际中多为管排作为驱动电路,分立三极管少见)截止时,喷油器电磁线圈存在电感,所以在线圈两端可能产生很高的感应电动势,此电动势与电源电压一起作用在功率管上,可能将其击穿而损坏。为了保护功率管和缩短喷油器关阀时间,在驱动回路中常设有消弧电路。

(二)喷油器的驱动方式

喷油器的驱动方式可分为电压驱动方式和电流驱动方式,如图 3-13 所示。

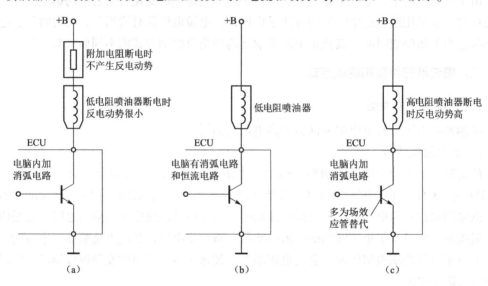

图 3-13 喷油器驱动方式

(a) 低电阻喷油器电压驱动;(b) 低电阻喷油器电流驱动;(c) 高电阻喷油器电压驱动

1. 电压驱动方式

当电压超过规定值时,喷油器打开。这时可使用低电阻喷油器,但它必须与螺线管电阻器相串联,也可使用高电阻喷油器。

2. 电流驱动方式

首先供给一个高的电压使喷油器打开,然后用一个低的电流来维持喷油器打开的状态。这时只能使用低电阻喷油器。

三、喷油器的使用

喷油器在长期使用后，燃油中的不饱和烃氧化生成胶质阻塞喷油器。在更换或者清洗喷油器以后，发动机的工作可能还是不平稳。这是因为阻塞的喷油器提供的是稀空燃比混合气，计算机根据氧传感器信号增加喷油脉宽试图将混合气控制到正常的空燃比。在更换或者清洗了喷油器以后，自适应记忆仍然还按增加的喷油脉宽进行控制，因为喷油器已经不再阻塞了，所以导致可燃混合气太浓。当发动机达到正常工作温度时，驾驶车辆工作至少5 min，令自适应记忆进行再学习。在这以后，计算机就能够提供正确的喷油脉宽，发动机也能够平稳地进行工作，计算机系统中的零部件更换以后也存在同样的问题。

自适应记忆是电脑的一个功能，氧传感器根据发动机的工作状态对喷油脉宽进行修正。

四、喷油量的控制

现在的燃油喷射发动机早已取消了冷起动喷油器（1995年之前多用，现在已无意义），起动时燃油增量和正常运行时的燃油供给全靠微机直接控制喷油器来实现。

1. 各工况下的喷油量控制

在起动工况下，喷油器的喷油时间取决于发动机冷却液温度、自起动开始累积转过的周数、发动机转速和起动时间四个主要因素。对喷油时间进行延长，同时为了在进气管道与气缸内形成一种均匀的可燃混合气，尽可能地避免燃油在进气行程喷射中造成火花塞湿润，因此要求喷油器在发动机每转一圈时进行多次喷射（异步喷射）。

电控燃油喷射发动机在各种工况下所需的燃油量是由微机通过控制喷油时间来实现的。

2. 燃油停供控制

所谓燃油停供，是指微机停止给喷油器发送燃油喷射信号，喷油器停止喷油。

燃油停供大致可分为三种情况：第一种是减速时以降低燃油消耗和改善排气净化为目的的燃油停供；第二种是发动机高转速时以防止发动机损坏为目的的燃油停供；第三种是防止淹缸的清除溢流停供。

1）减速时燃油停供

如果遇到节气门关闭，而且汽车在挡位上，那么车轮就会反拖发动机，使进气门的油雾和油滴在急速真空吸力下进入气缸，进而使发动机转速在设定转速以上情况（硬减速），这时，微机将判定为不需要供给燃油的减速状态，于是进入燃油停供阶段。

燃油停供转速还要根据发动机冷却液温度、有无空调之类的负荷等因素精确确定，并依此确定燃油停供范围。

减速断油分为依据发动机冷却液温度确定的燃油停供转速和复供转速。所谓复供转速，就是汽车在持续惯性行驶时，开始恢复喷射燃油的转速。复供转速是在停供转速降到一定程度时开始的。

发动机冷却液温度越低，燃油停供转速就越高，复供转速也越高。这是因为发动机在冷态下工作时，急速设定的转速比较高，可防止发动机在急速状态下进入燃油停供状态。

发动机减速时的燃油停供、复供功能由程序软件控制，不涉及故障。故障大多是由司机下大坡时为了避免发动机转速在收油门时稍有忽上忽下为发动机减速而停供燃油造成的。不过，这是一种正常情况。若当故障处理，则找不出故障点。

减速时的燃油停供，本质上是限制最高怠速。另外，在燃油停供期间，一旦节气门被打开，就应立即恢复燃油喷射。

2）发动机超速断油（最高转速限制）

为了防止发动机转速过高而引起发动机损坏，要对发动机的最高转速进行限制。目前，多采用切断燃油的方法限速。微机将根据发动机的实际转速与微机内存储的最高转速进行比较，当达到设定的最高转速时，微机立即停止输出喷油信号，使喷油器停止喷油。当发动机转速降低至规定值时，又恢复喷油，如此循环，以防止转速继续上升。

图3-14所示为德国大众公司在发动机电子控制系统和机电喷射系统中采用的电子转速限制装置工作特性。从图中可以看出，机械喷射围绕在最高转速值 $n = 6\ 000\ \mathrm{r/min}$，有 $\pm 80\ \mathrm{r/min}$ 的活动范围。电子控制喷射围绕在最高转速值 $n = 6\ 500\ \mathrm{r/min}$，有 $\pm 80\ \mathrm{r/min}$ 的活动范围，实际发动机转速以实车为准。

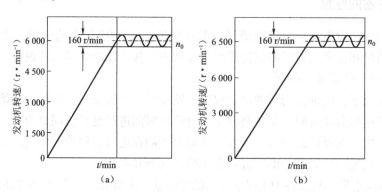

图3-14　大众车型最高转速限制示意
(a) 机械喷发动机；(b) 电喷发动机

此外，一些汽车有超车速行驶断油功能，当"车速"超过限定值时，停止供油。其作用与防止发动机转速超限相同。

例：大众车系数据流里"Over run"即为超速，它出现后，发动机转速瞬间稍下降。

3）起动时燃油停供（清除溢流停供）

起动时计算机内存储的程序会根据发动机冷却液温度传感器信号为发动机提供起动加浓，冷却液温度传感器信号真实反映发动机的温度。所供的混合气的空燃比范围可以从 $-40\mathrm{℃}$ 时的 1.5:1 到 $100\mathrm{℃}$ 时的 14.7:1。

如果当发动机开始起动时，发动机缸内出现浸油，发动机将难以起动。此时驾驶员踩下加速踏板，使节气门开度超过 80%，计算机即转换至清淹工作模式。空燃比高达 20:1 的混合气有助于清除发动机浸油，以消除燃油过多现象，直到发动机转速高达 $400\ \mathrm{r/min}$ 以上。

如果发动机处于未运行状态，节气门开度超过 80%，那么某些发动机将停止供油。

此程序的出现必须是人为控制加速踏板才能实现，且不是所有的电控车辆都有此项功能。

课题四　燃油压力调节器

一、燃油压力调节器的作用

燃油压力调节器使燃油分配管的压力与进气歧管之间的压力差保持恒定，使喷油器的喷油量唯一地取决于喷油器的开启时间。

二、燃油压力调节器的结构

燃油压力调节器主要由阀、膜片、膜片弹簧和外壳组成，如图3-15所示。

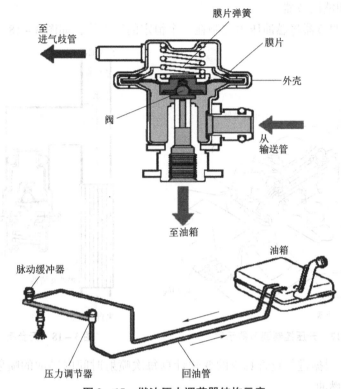

图3-15 燃油压力调节器结构示意

三、燃油压力调节器的工作原理

发动机工作时，燃油压力调节器膜片上方承受的压力为弹簧压力和进气管内气体的压力之和，膜片下方承受的压力为燃油压力。当压力相等时，膜片处于平衡位置不动。当进气管内气体压力下降时，膜片向上移动，回油阀开度增大，回油量增多，使输送管内燃油压力下降；反之，进气管内气体压力升高时，燃油的压力也升高。燃油压力调节器的工作过程如图3-16所示。

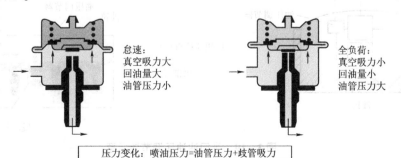

图3-16 燃油压力调节器工作过程示意

四、燃油压力调节器的类型

1. 负荷调整（升压控制）调节器（如图 3-17 所示）

负荷调整（升压控制）调节器的特点是防止发动机高温时产生气阻。

2. 无负荷调整调节器

无负荷调整调节器将燃油压力控制在一个恒定的压力值，如图 3-18 所示。

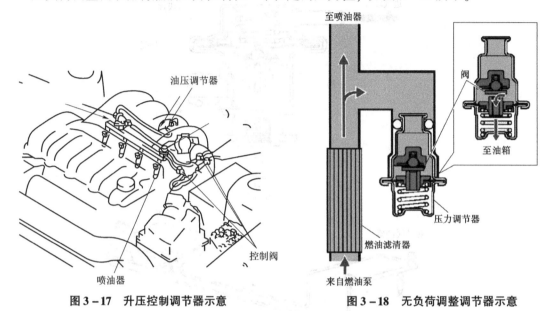

图 3-17 升压控制调节器示意　　　　图 3-18 无负荷调整调节器示意

发动机 ECU 根据进气歧管真空的变化计算每次喷射时间内燃油的喷射量，确保喷油器喷射适当数量的燃油。

无负荷调整工作的特点是：将燃油压力控制在一个恒定值，当燃油压力超过压力调节器的弹簧压力时，阀门开启，使燃油回流到油箱并调节压力。

3. 半回油油压调节器

半回油油压调节器如图 3-19 所示。新款的奇瑞 A15 旗云、中华等采用此类型。

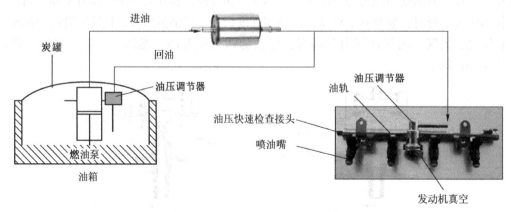

图 3-19 半回油油压调节器示意

课题五 燃油供给系统附件

一、燃油滤清器

由于喷油器的配合精度特别高，因此燃油喷射系统需要非常清洁的燃油。燃油中的颗粒磨料会造成燃油泵磨损，油路中的滤清器负责过滤掉这些颗粒杂质；燃油中有水分会引起锈蚀卡死和膨胀，在一定时间对油箱底部放水可以减少燃油中的水分。

固体颗粒会导致燃油泵磨损，可以运用燃油泵底部加滤清器的去除方式，而油路必须加专门的滤清器。当被污染的燃油流过滤清器时，污染物沉淀在滤芯的表面，经过一定时间的堆积，有阻滞汽油流动的作用。

滤清器大多为纸绒式，滤纸是最佳的滤芯材料。纸绒由纸纤维和充满其间的树脂材料制成，纸绒滤芯整体地置于油路的滤筛中，在油路中使通过滤芯每个表面的燃油流动速度都相同。

（1）作用：过滤杂质。
（2）位置：燃油系统中起到过滤杂质功能的主要有三处，如图 3-20 所示。

 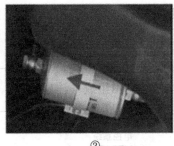 

图 3-20 燃油过滤位置示意
①燃油泵过滤网；②滤清网；③喷油嘴上过滤网

二、油轨

油轨又称燃油分配管。在多点喷射系统中，燃油流过燃油导轨。燃油导轨将燃油平均分配到各个喷油器。燃油导轨上除了分别用油管连接到喷油器外，还安装有燃油压力调节器和油压波动衰减器。由于喷油器的开闭引发共振会产生压力波动，从而在发动机负荷和速度改变时喷射量不准确，所以油轨的尺寸选择很重要。燃油导轨可由钢、铝或塑料制成。在德国奔驰车系和美国车系上还包含一个测压孔，此测压孔形状与空调的高低压测压孔相同，测试燃油压力时将压力表接于此压力测试孔。

三、脉动阻尼减振器

喷油器周期性的喷油和正排量燃油泵周期性的泵出燃油能引发燃油系统中的压力波动。若电动燃油泵的安装位置不佳，油管和油轨就会将这种波动传到油箱和车身，并产生噪声。可通过特殊的设计、装配和加装压力衰减器——脉动阻尼减振器来消除这些噪声，如图 3-21

所示。

脉动阻尼减振器由壳体、膜片、弹簧等组成。膜片把阻尼减振器分隔成膜片室和燃油室两个部分。膜片室内的弹簧将膜片压向燃油室，旋转调节螺钉可调整弹簧的预紧力。来自电动燃油泵的燃油经油道进入燃油室，油压通过膜片作用在弹簧上。

当油压升高时，膜片向膜片室拱曲，燃油室容积增大，燃油脉动压力下降，同时弹簧被压缩。当燃油压力下降时，弹簧伸长，膜片向燃油室拱曲，燃油室容积减小，油压上升。燃油室容积的变化吸收了油压脉动的能量，使燃油压力脉动迅速衰减，有效地降低了由压力波动产生的噪声。

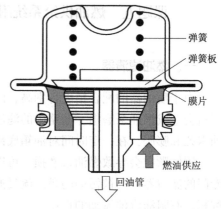

图3-21 脉动阻尼减振器结构示意

因燃油泵已经改进，泵油的脉动较小，所以大多数车没有脉动阻尼减振器。

课题六　燃油直喷发动机电控系统

一、燃油直喷发动机电控系统工作原理

1. 燃油直喷发动机电控系统基本组成（输入）

燃油直喷发动机电控系统基本组成（输入）如图3-22所示。

2. 燃油直喷发动机电控系统基本组成（输出）

燃油直喷发动机电控系统基本组成（输出）如图3-23所示。

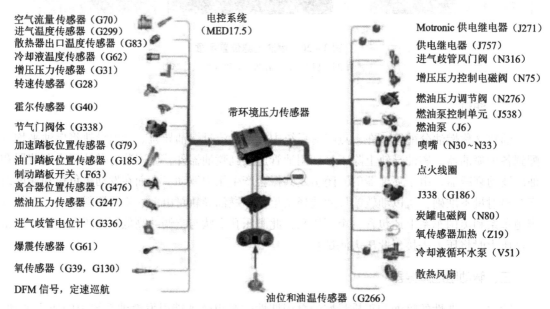

图3-22 大众途观燃油直喷发动机电控系统结构示意（输入）

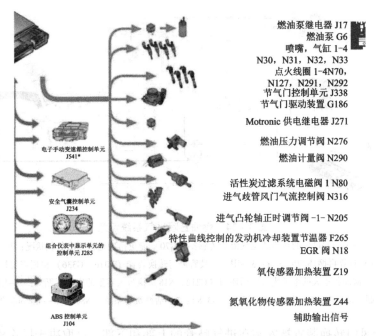

图3-23 大众途观燃油直喷发动机电控系统结构示意（输出）

3. 燃油直喷发动机电控系统基本组成（控制）

以扭矩为基础的发动机管理系统能进行收集、评估、协调和执行所有与扭矩基本要求相关的工作。

4. 燃油直喷发动机电控系统的工作原理

1）内部扭矩的基本要求

内部扭矩的基本要求是发动机起动、三元催化转换器预热、怠速控制、动力限制、速度控制、λ控制等。这种方法包含对气缸充气的控制，它起着满足长期扭矩基本要求的作用。

气缸充气在分层充气模式中几乎没有意义，因为为了降低节气门的损耗，节气门的开度很大。

2）外部扭矩的基本要求

外部扭矩的基本要求是驾驶员的输入、自动变速箱（换挡点）、制动系统（牵引力控制系统，制动装置控制系统）、空调系统（空调压缩机接通/关闭）、定速巡航控制系统等。这种方法包含短期的发动机扭矩控制，它与气缸是否充气无关。

在分层充气模式中，扭矩仅由燃油量决定，目标扭矩是通过喷油量来实现的。空气质量是第二重要的因素，因为为了降低节气门的损耗，节气门的开度很大。点火点几乎没有意义，因为这时点火正时是滞后的。

在均质稀薄充气模式和均质充气模式中，扭矩仅由点火正时决定。

在这两种操作模式中，短期的扭矩需求是通过点火正时实现的，长期需求则是通过空气质量实现的。因为这两种操作模式中的空燃比对应的λ数值是固定的，即分别为1.55和1，所以空气质量是根据喷油量事先定义的，也就是说空气质量并不用于扭矩控制。

气缸内部的空气流动是由操作模式控制的，如图3-24所示。

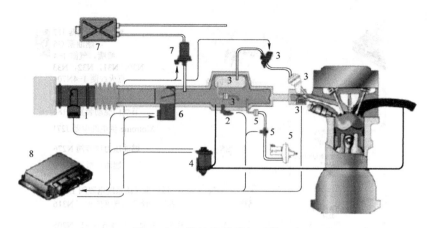

图 3-24 燃油直喷进气系统示意

1—带进气温度传感器（G42）的热膜式空气流量传感器（G70）能更精确地检测出负载状况；2—用进气歧管压力传感器（G71）计算再循环的废气量；3—用进气歧管风门转换装置（N316，G336）根据需要控制气缸内空气动；4—用一个截面积很大的电子废气再循环阀（G212，N18）执行大容量的废气再循环；5—用一个制动助力器压力传感器控制制动真空；6—节气门控制单元（J338）；7—活性炭罐系统（N80）；8—Motronic 控制单元（J220）

进气歧管风门转换装置被安装在进气歧管的上部和下部，这取决于操作模式。它被用来控制流入气缸的空气流量。

5. 燃油直喷系统的控制过程

燃油直喷系统如图 3-25 所示。

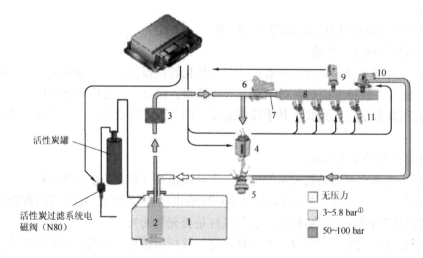

图 3-25 燃油直喷系统示意

1—油箱；2—电子燃油泵（G6）；3—燃油滤清器；4—燃油计量阀（N290）；5—燃油压力调节器；
6—高压燃油泵；7—高压燃油管路；8—燃油分配器；9—燃油压力传感器（G247）；
10—燃油压力调节阀（N276）；11—高压喷嘴（N30~N33）

高压燃油泵把燃油传送至燃油分配器。燃油压力传感器测量燃油分配器中的压力并且由燃油压力调节阀将压力调节在 40~200 bar。然后由喷嘴将燃油喷入气缸中。

---

① 1 bar = 0.1 MPa。

二、燃油直喷燃烧方式的工作原理

1. 燃油直喷系统的优点

在分层进气模式和稀薄均质进气模式中，由于节气门开度大、进气阻力小，所以燃油直喷系统有利于提高充气效率。

稀薄燃烧模式，$\lambda = 1.55 \sim 3.0$。

热量损失小，热效率高。

允许有较高的废气再循环率。

能够提高压缩比。燃油由高压喷嘴喷入气缸，雾化时因吸收热量而使缸内温度降低，减小爆燃倾向，有利于压缩比的提高。

可以以较低转速平稳运转。

2. 混合气运行模式

混合气运行模式包含三种模式，如图 3-26 所示。

（1）分层进气模式，$\lambda = 1.6 \sim 3.0$。

（2）稀薄均质进气模式，$\lambda = 1.55 \sim 3.0$。

（3）均质进气模式，$\lambda = 1.0$。

1）分层进气模式

分层进气模式如图 3-27 所示。

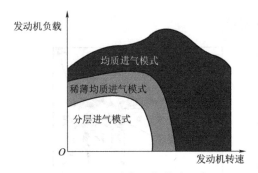

图 3-26 混合气运行模式示意

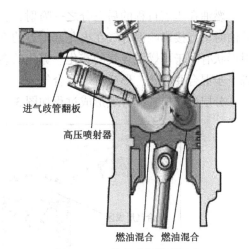

图 3-27 分层进气模式示意

分层进气模式的条件是：发动机在相应的转速和负荷范围内；尾气排放系统无故障；冷却液温度高于 50℃；NO_x 传感器正常；NO_x 存储转化器温度在 250℃ ~ 500℃。只有达到这些条件，才能以分层进气模式运行。

分层进气模式的进气过程如图 3-28 所示。

分层进气模式的进气过程是：节气门尽可能全开，以减小进气阻力；进气歧管翻板关闭进气歧管下部，空气流由进气歧管上部高速翻转运动进入气缸内；空气进入气缸后，由于活塞顶部的形状加剧了空气的翻转运动而形成涡流。

分层进气模式的喷油过程如图 3-29 所示。

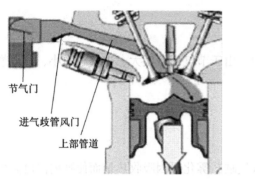
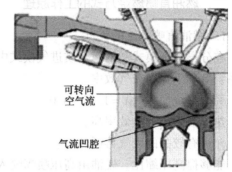

图3-28 分层进气模式的进气过程示意

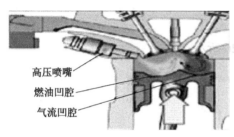
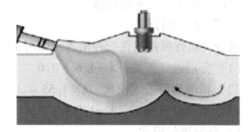

图3-29 分层进气模式的喷油过程示意

燃油在压缩行程的后三分之一喷射，在 TDC 前 60°开始喷射，在 TDC 前 45°喷射结束，喷油时刻直接影响混合气在火花塞附近的雾化情况；燃油喷射到活塞顶部的燃油凹腔内，喷射形状有利于可燃混合气的雾化。雾化的燃油向火花塞附近运动，在此过程中，与涡流空气进一步混合并雾化，形成可燃混合气。

分层进气模式混合气形成过程如图3-30所示。

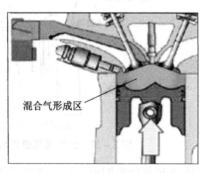
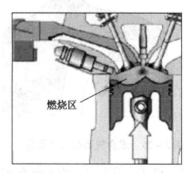

图3-30 分层进气模式混合气形成过程示意

可燃混合气的形成只占 40°~50°的曲轴转角，这是混合气可燃性的决定性因素。若喷油和点火间隔时间过短，则燃油和空气不能充分混合雾化，混合气不易被点燃；间隔时间过长也不易点燃。整个燃烧室的 λ 值在 1.6~3.0。

可燃混合气到达火花塞周围时，火花塞开始点火。此时只是火花塞周围的可燃混合气燃烧，外围空气和废气再循环供给的尾气起绝热保温作用，因此热损失小、热效率高。此时发动机扭矩输出主要取决于喷油量，进气量和点火提前角起修正作用。

2）稀薄均质进气模式

稀薄均质进气模式如图3-31所示。

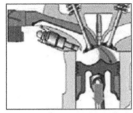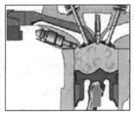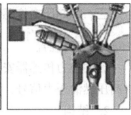

图3-31　稀薄均质进气模式示意

这种模式是介于分层进气模式和均质进气模式之间。在此模式下，稀薄均质混合气充满整个燃烧室，$\lambda = 1.55$。

进气过程：节气门尽可能全部打开，以减小进气阻力。进气歧管翻板关闭进气歧管下部，空气流由进气歧管上部高速翻转运动进入气缸内。

喷油过程：在进气行程大约在TDC前300°曲轴转角时，燃油直接喷入气缸，喷油量由发动机控制单元控制，空燃混合比λ大约为1.55。

混合气形成过程：由于燃油提前喷射到气缸中，所以有更多的时间和空气混合，最终稀薄均质混合气充满整个燃烧室。

燃烧过程：点火时刻由控制单元根据空燃比来确定，燃烧过程充满整个燃烧室。

3）均质进气模式

均质进气模式如图3-32所示。

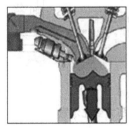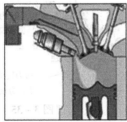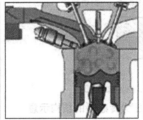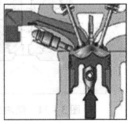

图3-32　均质进气模式示意

燃油直喷发动机处于均质进气模式工作时，与进气管喷射发动机基本相同，不同之处是直接将燃油喷入气缸内而不是进气管内。发动机扭矩由点火时间和进气量决定，燃油喷射量应保证λ等于1。

进气过程：节气门开度由油门踏板位置决定。进气歧管翻板根据发动机运行情况开启或关闭，在发动机中等负荷和转速范围内，进气歧管翻板处于关闭位置，空气由进气歧管上部高速翻转进入燃烧室，这有利于可燃混合气的形成。当发动机负荷变大、转速升高时，进气歧管翻板处于打开位置，此时进气歧管上部和下部同时进气。

喷油过程：在进气行程，大约在TDC前300°曲轴转角时，燃油直接喷入气缸，喷油量由发动机控制单元控制，使空燃混合比λ等于1。

混合气形成过程：由于燃油在进气行程喷射到气缸中，所以会有更多的时间和空气混合，最终形成可燃混合气并均匀分布于整个燃烧室中。在此过程中燃油雾化蒸发吸收热量，使气缸中的温度降低,从而有利于压缩比的提高。

燃烧过程:点火时刻是影响发动机扭矩输出的主要因素。

三、燃油压力传感器的功用、工作原理

1. 安装位置

燃油压力传感器安装于燃油分配管上,用来提供高压燃油压力信号,如图3-33所示。

2. 结构

燃油压力传感器的结构如图3-34所示。由电气接头、评估电子装置、带应力测量仪的钢质膜片、压力接头-燃油分配器等组成。

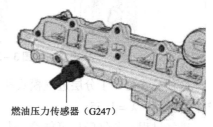

图3-33 燃油压力传感器安装位置示意

3. 信号作用

控制单元利用此信号,根据压力特性图,控制燃油压力调节阀,调节燃油分配管内的压力。

4. 工作原理

从燃油分配器中流出的燃油流入燃油压力传感器中,如图3-35所示。

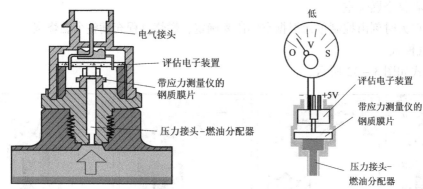

图3-34 燃油压力传感器的结构示意   图3-35 压力变化示意

当燃油压力较低时,钢质膜片仅稍稍变形,结果在应力测量仪上显示的电阻值很大并且信号电压很低。

当燃油压力很高时,钢质膜片严重变形,结果在应力测量仪上显示的电阻值很小并且信号电压很高。

四、高压燃油泵

1. 燃油直喷发动机高压燃油泵结构

燃油直喷发动机高压燃油泵(如图3-36所示)安装在低压油管与高压油管之间。高压燃油泵是通过柱塞的往复运动将低压燃油加压到发动机所需要的高压压力(35~100 bar),由油嘴喷射到发动机。因车型不同压力最高可达200 bar。

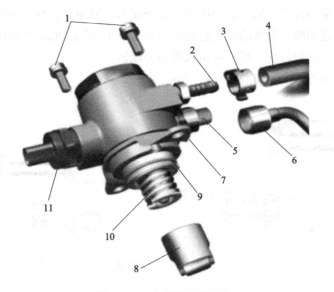

图 3-36　高压燃油泵结构

1—外壳连接螺栓；2—低压油管；3—低压油管连接器；4—连接管；5—高压油管；
6—高压油管连接器；7—安装座；8—限压阀；9—泵塞；10—柱塞；11—燃油压力调节阀

新型的高压燃油泵具有更小的输油行程，集成在泵上的限压阀无须来自燃油分配器的回油管。根据发动机负载，压力可在工作范围内任意调节。

2．工作原理

（1）进油行程如图 3-37 所示。

燃油压力调节阀在整个进油行程中由发动机控制单元控制，由此产生的电磁场克服弹簧力将阀门打开，泵塞向下运动，导致泵腔里的压力下降，燃油从低压端流入泵腔。

（2）回油行程如图 3-38 所示。

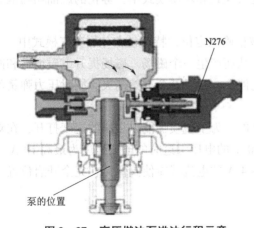

图 3-37　高压燃油泵进油行程示意

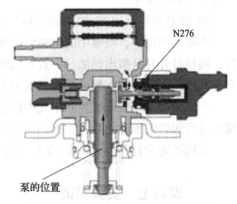

图 3-38　高压燃油泵回油行程示意

为匹配实际消耗的燃油供给量，当泵塞开始向上行进时，进油阀仍保持打开状态，泵塞迫使多余的燃油回流到低压端，通过集成在泵上的压力阻尼器和燃油供给管路上的限流器来平衡多余脉冲。

（3）输油行程如图 3-39 所示。

从已计算的输油行程开始，燃油压力调节阀就不再回油了，泵内升高的压力和阀门滚针弹簧的力会关闭进油阀。泵塞的向上运动在泵腔里产生高压，如果泵腔内侧压力高于燃油分配器的压力，则排油阀打开，燃油被泵入燃油分配器。

（4）高压燃油泵限压阀如图 3-40 所示。

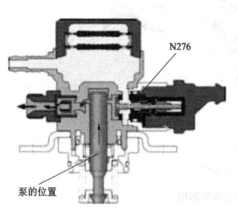
图 3-39　高压燃油泵输油行程示意

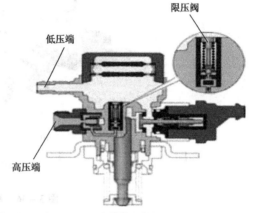
图 3-40　高压燃油泵限压阀示意

限压阀集成在高压燃油泵上，可以在受热膨胀或在功能故障时保护零部件不受燃油高压的影响，这是一个弹簧按压阀，在燃油压力超过 140 bar 时打开。当阀门打开时，燃油从高压端流入低压端。高压燃油泵限压阀压力根据车型不同压力不同。

五、燃油直喷的燃油喷射控制原理

高压喷嘴被安装在气缸盖上并且把高压燃油直接喷入气缸中。

喷嘴的任务是在受控状态下根据操作模式的要求，尽快地使燃油雾化，在分层充气模式中将燃油集中在火花塞的周围。而在稀薄均质进气模式和均质模式中，雾化的燃油均匀地分布在整个燃烧室中。

70°喷射倾斜角和 20°喷射倾斜角使燃油能被精确地定位，特别是在分层充气模式中。

在喷油周期中，喷嘴中的电磁线圈被激活，从而产生一个磁场。磁场提升电磁衔铁和阀针，阀被打开并且喷出燃油。一旦对线圈的供电停止，磁场就会突然消失，同时压力弹簧就会把阀针压入阀座中，燃油的流动被阻塞。

高压喷嘴是由发动机控制单元中的电路驱动的。为了使喷嘴能以尽快的速度打开，在对喷嘴进行短暂的预磁化后，立即向喷嘴传送约 90 V 的电压。这时的电流强度为最高 10 A。

在阀被完全打开后，一个 30 V 的电压和 3~4 A 的电流就能使阀保持在完全开启位置。

课题七　实验实训

一、技能要求

（1）能用解码器读取燃油系统故障码、数据流。

（2）会进行执行元件的动作测试。

(3) 能进行燃油系统燃油压力测试并分析测试结果。
(4) 会进行燃油系统主要部件的检测及更换。
(5) 建立燃油系统故障诊断思路。
(6) 能查阅和使用维修技术资料。

二、建议开设实验实训项目

(1) 燃油压力检测与分析。
(2) 喷油器检测与更换。
(3) 电动燃油泵检测与更换。
(4) 高压燃油泵检测与更换。
(5) 燃油系统不供油故障诊断。
(6) 燃油系统供油不畅故障诊断。

小结

本项目主要介绍了燃油供给系统的结构、工作原理及控制原理。通过学习，能准确描述电动燃油泵的功用、结构、类型、工作原理及燃油泵控制，能准确描述喷油器的功用、结构、类型、工作原理及喷油量控制，能准确描述油压调节器功用、结构、类型及工作原理，能描述燃油直喷系统结构、工作原理、燃烧方式及主要部件的工作原理。通过学习，能规范检测燃油系统的部件，诊断并排除燃油系统的故障，建立燃油系统故障诊断策略。

项目四

汽车点火系统检测与维修

1. 知识目标

能描述汽车点火系统的组成及作用；

能描述汽车点火系统的分类及特点；

能描述汽车微机控制点火系统的结构及控制过程；

能描述汽车微机点火系统主要传感器的作用和工作原理。

2. 能力目标

能查阅使用点火系统维修技术资料；

能使用解码器读取点火系统故障码、数据流；

能使用检测仪器进行点火执行元件动作测试；

能完成点火系统主要传感器测试并分析测试结果；

能进行点火系统主要部件的拆卸及安装操作；

能检测和分析微机点火系统典型故障。

课题一　点火系统认知

一、汽车点火系统的作用

点火系统是汽油发动机重要的组成部分，点火系统性能的好坏对发动机的功率、油耗和排气污染等影响很大。点火系统的作用是将电源的低压电转变为高压电，并按照发动机的做功顺序与点火时刻要求，适时地为汽油发动机气缸内已压缩的可燃混合气提供足够能量的电火花，使发动机能及时、迅速地燃烧做功。对点火系统有以下要求：能产生足以击穿火花塞间隙的电压；火花应具有足够的能量；点火时刻应适应发动机的工作情况。

二、点火系统的类型及组成

1. 传统点火系统

传统点火系统主要由电源、点火开关、点火线圈、分电器（断电器、配电器）、高压导线、附加电阻和火花塞等部件组成，如图 4-1 所示。传统蓄电池点火系统以蓄电池和发电机为电源，借助点火线圈和断电器的作用，将电源提供的低压直流电转变为高压电，再通过分电器分配到各缸火花塞，使火花塞两电极之间产生电火花，点燃可燃混合气。

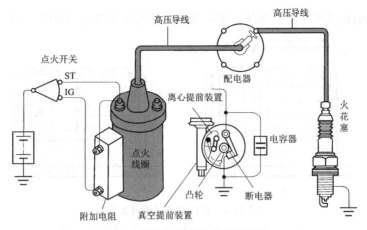

图4-1 传统点火系统组成示意

2. 普通电子点火系统

普通电子点火系统的主要特点是取消了断电器,利用信号发生器和点火器控制点火线圈初级电路的通断,如图4-2所示。普通电子点火系统点火提前角的控制是由真空式和离心式机械点火提前装置完成的。

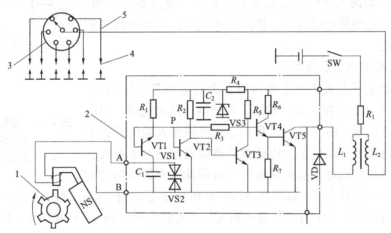

图4-2 普通电子点火系统组成示意

1—点火信号发生器;2—点火器;3—分电器;4—火花塞;5—分缸线

普通电子点火系统按信号发生器的类型不同可分为以下3种。

(1) 磁感应式电子点火系统。磁感应式信号发生器结构如图4-3所示。

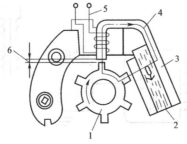

图4-3 磁感应式信号发生器

1—信号转子;2—永久磁铁;3—铁芯;4—磁通;5—传感线圈;6—空气隙

（2）霍尔效应式电子点火系统。霍尔效应式信号发生器结构如图4-4所示。

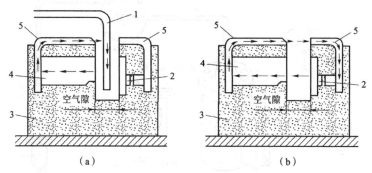

图4-4 霍尔效应式信号发生器
(a) 触发叶轮的叶片进入空气隙；(b) 触发叶轮的叶片离开空气隙
1—触发叶轮的叶片；2—霍尔元件；3—永久磁铁；4—信号发生器底座；5—导磁板

（3）光电式电子点火系统。光电式信号发生器结构如图4-5所示。

因为普通电子点火系统无机械触头，所以不存在触头氧化、烧蚀、变形、磨损等问题，系统可靠性提高，使用寿命增加；同时可以增大初级断电电流值，提高次级电压，有效地改善和保证点火性能。

3. 微机控制电子点火系统

微机控制电子点火系统主要由与点火有关的各种传感器、电子控制单元（电子控制器）ECU、点火器、点火线圈、配电器、火花塞等组成。由于真空式和离心式机械点火提前装置不能保证点火时刻处于最佳值，因此逐渐被微机控制电子点火装置所取代。微机控制电子点火系统能实现最佳点火提前角的控

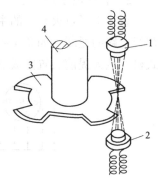

图4-5 光电式信号发生器
1—光源；2—光接收器；
3—遮光盘；4—分电器轴

制，提高发动机的动力性，降低燃油消耗量和有害气体的排放量。微机控制电子点火系统按照是否保留分电器而分为有分电器式和无分电器式两种（图4-6和图4-7），前者只有1个点火线圈，所有气缸的点火电压均由该点火线圈提供，由分电器分配；后者取消了分电器，它有与气缸同等数量的点火线圈（或者点火线圈的个数是气缸数的1/2）。无分电器式微机控制电子点火系统是目前最新型的点火系统，已被广泛应用于各种轿车中。

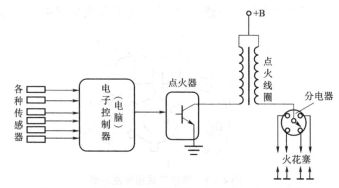

图4-6 有分电器式微机控制电子点火系统组成示意

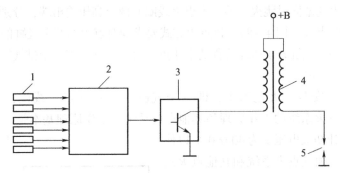

图 4-7　无分电器式微机控制电子点火系统组成示意
1—各种传感器；2—ECU；3—点火器；4—点火线圈；5—火花塞

三、无分电器式微机控制电子点火系统

1. 组成

无分电器式微机控制电子点火系统主要由空气流量传感器、节气门位置传感器、曲轴位置传感器、凸轮轴位置传感器、冷却液温度传感器、进气温度传感器、车速传感器、爆震传感器、各种控制开关、ECU、点火控制器、点火线圈以及火花塞等组成。其主要分为信号输入装置、ECU 和执行器三部分。

1) 信号输入装置

信号输入装置包括各种传感器和开关。传感器用来检测与点火有关的发动机工作和状况的信息，并将检测结果输入 ECU，作为计算和控制点火时刻的依据。各型汽车采用的传感器的类型、数量、结构及安装位置不尽相同，但其作用大同小异。除爆震传感器之外，这些传感器大多与电控燃油喷射系统、怠速控制系统等共用。各种开关信号用于修正点火提前角。起动开关信号用于起动时修正点火提前角；空调开关信号用于怠速工况下使用空调时修正点火提前角；空挡起动开关只针对自动变速器汽车，ECU 利用该信号判断发动机是处于空挡停车状态还是行驶状态，然后对点火提前角进行必要的修正。

2) ECU

无分电器式微机控制电子点火系统是发动机集中控制系统的一个子系统，ECU 是发动机集中控制系统的核心。ECU 只读存储器中存储有监控和自检等程序以及该型发动机在各种工况下的最佳点火提前角。ECU 不断接收各种传感器和开关发送的信号，并按预先编制的程序进行计算和判断后，向点火控制器发出控制信号，实现点火提前角和点火时刻的最佳控制。

3) 执行器

无分电器式微机控制电子点火系统的执行器为点火控制器。点火控制器又称点火控制组件、点火器或功率放大器，是微机控制电子点火系统的功率输出级，接收 ECU 输出的点火控制信号并进行功率放大，促使点火线圈工作。点火控制器的电路、功能与结构，不同车型有所不同，有的与 ECU 制作在同一块电路板上，如北京切诺基 4.0 L 发动机集中控制系统；有的为独立总成，用线束与 ECU 连接，如丰田轿车 TCCS 系统。

2. 类型

1) 双缸同时点火方式

微机控制双缸同时点火系统指两个气缸合用一个点火线圈，点火线圈每产生一次高压电，就使两个气缸的火花塞同时跳火，即一个点火线圈有两个高压输出端，分别与火花塞相连，负责对两个气缸同时点火（图4-8）。该点火方式要求同时点火的两个气缸的工作行程相差360°的曲轴转角，即一个气缸处于压缩行程的上止点，另一个气缸则处于排气行程的上止点。

2）独立点火方式

点火线圈直接安装在火花塞上，即一个气缸一个独立点火线圈，俗称"独立点火"（图4-9）。独立点火系统的工作原理和其他点火系统的工作原理基本是一样的。每个线圈有一个低阻抗，可让初级电压变为40 000 V以使火花塞产生火花。独立点火系统和其他点火系统的真正区别之处是：每个独立点火系统线圈直接装在火花塞上，电压直接通往火花塞电极，而不用通过分电器或高压点火线（图4-10）。这种连接方法让火花尽可能强，且提高了点火系统的可靠性。

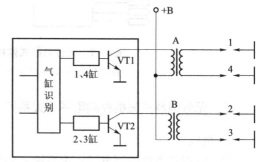

图4-8 双缸同时点火系统工作示意

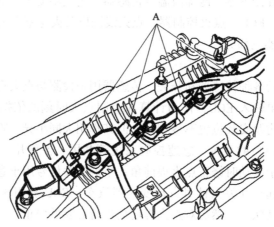

图4-9 点火线圈安装示意

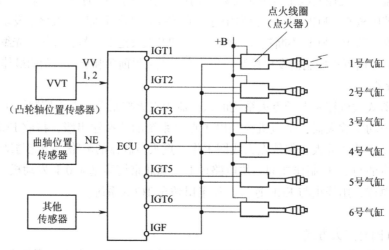

图4-10 独立点火系统工作示意

课题二 凸轮轴位置传感器的检测

一、凸轮轴位置传感器的作用

凸轮轴位置传感器 CMPS 的作用是采集配气凸轮轴的位置信号并输入 ECU，以便 ECU 识别气缸压缩上止点，从而进行顺序喷油控制、点火时刻控制和爆燃控制。此外，凸轮轴位置信号还用于发动机起动时识别出第一次点火时刻。凸轮轴位置传感器因为能够识别哪一个气缸活塞即将到达上止点而被称为气缸识别传感器（图 4-11）。

CMPS 用于给 ECU 提供曲轴转角基准位置（第一缸压缩上止点）信号，此信号也作为燃油喷射控制和点火控制的主控信号。

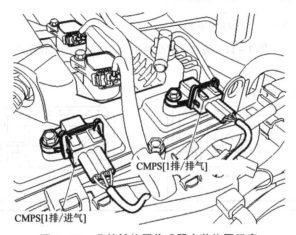

图 4-11 凸轮轴位置传感器安装位置示意

二、凸轮轴位置传感器的类型及工作原理

1. 磁感应式凸轮轴位置传感器

磁感应式凸轮轴位置传感器的工作原理如图 4-12 所示，磁力线穿过的路径为永久磁铁 N 极—定子与转子间的气隙—转子凸齿—转子凸齿与定子磁头间的气隙—磁头—导磁板—永久磁铁 S 极。当信号转子旋转时，磁路中的气隙就会周期性地发生变化，磁路的磁阻和穿过信号线圈磁头的磁通量随之发生周期性变化。根据电磁感应原理，传感线圈会感应产生交变电动势，利用电磁线圈产生的脉冲信号来确定各缸的工作位置。

2. 霍尔式凸轮轴位置传感器

霍尔式凸轮轴位置传感器是利用霍尔效应原理工作的。它由信号转子及霍尔式信号发生器构成。霍尔式信号发生器由永久磁铁导板及霍尔集成电路等组成，其工作原理如图 4-13 所示。信号发生器设置在信号转子附近，信号转子随曲轴转动时触发叶片及缺口，使其依次进入永久磁铁和霍尔元件之间的空气隙。当叶片进入时，霍尔集成电路中的磁场就被叶片截断即旁路，霍尔集成电路因此产生低电位；而叶片离开缺口正对空气隙时又使霍尔集成电路因重新获得磁场而产生霍尔电压，即高电位。该脉冲电压信号经集成电路的放大与整形处理后被送至电子控制装置，并经细化处理后用于控制发动机的点火及喷油时刻。

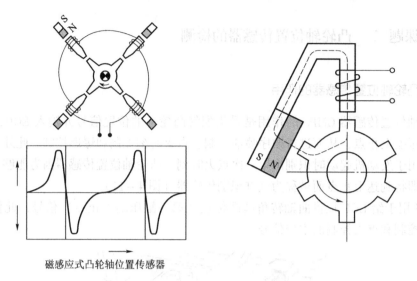

图4-12 磁感应式凸轮轴位置传感器的工作原理

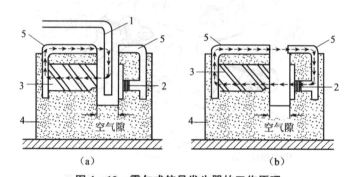

图4-13 霍尔式信号发生器的工作原理
(a) 触发叶片进入空气隙；(b) 触发叶片离开空气隙
1—触发叶轮的叶片；2—霍尔集成电路；3—永久磁铁；4—霍尔传感器；5—导板

三、凸轮轴位置传感器的检查

1. 磁感应式凸轮轴位置传感器的检查

电压检测：当发动机转动时，用示波器检测凸轮轴位置传感器两端子间脉冲电压信号输出的变化。

电阻检测：将点火开关置于OFF位，拔开凸轮轴位置传感器的导线连接器（图4-14），用万用表的欧姆挡测量凸轮轴位置传感器本体电阻值应为750~950 Ω、传感器导线连接器两端子与ECU连接线相应针脚之间的电阻值应小于1 Ω，若不在标准值范围内，则更换。

2. 霍尔式凸轮轴位置传感器的检查

供电检测：将点火开关置于ON位，用万用表检测传感器VC电压是否为手册规定的电压，否则为电源VC线路连接不良或断路故障。连接线路如图4-15所示，连接器

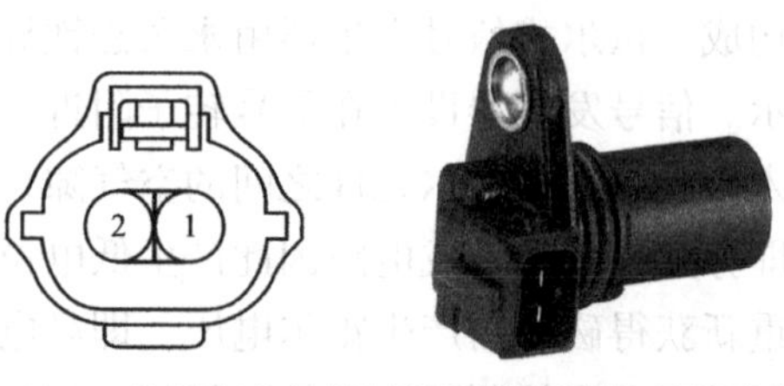

图4-14 磁感应式凸轮轴位置传感器的导线连接器

如图4-16所示。

信号检测：用万用表检测传感器信号线输出电压。发动机运转时，传感器信号输出电压应在手册规定值之内变化且电压值呈脉冲性，否则应更换传感器。用示波器测量输出信号波形判断传感器是否正常（图4-17）。

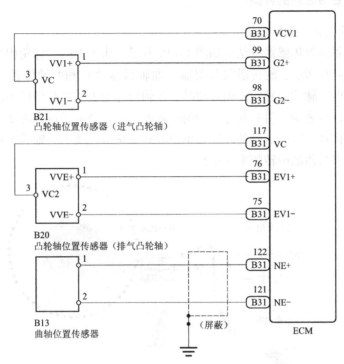

图4-15 霍尔式凸轮轴位置传感器的连接线路

图4-16 霍尔式凸轮轴位置
传感器的连接器示意

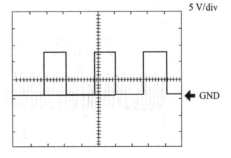

图4-17 霍尔式凸轮轴位置传感器检测波形

课题三 曲轴位置传感器的检测

一、曲轴位置传感器的作用

曲轴位置传感器又称为发动机转速与曲轴转角传感器，其作用是采集曲轴转动角度和发动机转速信号,并输入电子控制单元,以便确定点火时刻和喷油时刻。通常要配合凸轮轴位置传感器一起来工作确定基本点火时刻,由曲轴位置传感器采集各个气缸活塞处于上止点的位置,通过凸轮轴位置传感器判断气缸压缩行程。

二、曲轴位置传感器的类型和工作原理

1. 磁感应式曲轴位置传感器

磁感应式曲轴位置传感器的结构如图4-18所示。曲轴上的目标轮相当于一个旋转磁阻分配器。如图4-19所示,旋转磁阻分配器(曲轴目标轮)和曲轴位置传感器间的电磁感应产生一个输出电压脉冲信号。曲轴转动时,曲轴目标轮上的齿和槽以不同的距离切割传感器磁力线,并通过传感器,引起其感应到的磁阻改变。正是由于这个可变的磁阻,才能产生可变的输出脉冲信号。输出信号的波形和单位时间变化率反映出曲轴的旋转速度和相对旋转位置,并且其频率与曲轴旋转频率成正比。

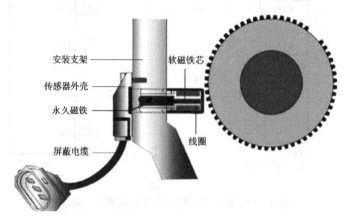

图4-18 磁感应式曲轴位置传感器结构示意

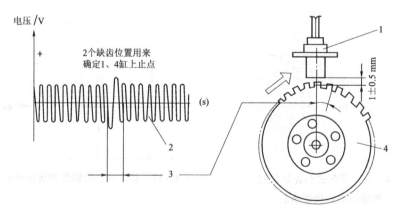

图4-19 磁感应式曲轴位置传感器工作原理
1—传感器;2—波形;3—缺齿;4—信号转子

2. 霍尔式曲轴位置传感器

霍尔式曲轴位置传感器与霍尔式凸轮轴位置传感器工作原理相同,也是利用霍尔效应原理工作的,由信号转子及霍尔信号发生器构成。工作原理可以参见霍尔式凸轮轴位置传感器。

三、曲轴位置传感器检测

1. 磁脉冲式曲轴位置传感器检测

（1）磁脉冲式曲轴位置传感器电阻的检测。根据曲轴位置传感器的电路，拔出其导线连接器（图4-20），用万用表测量传感器上1、2端子之间的电阻应符合维修手册的规定，否则应更换传感器。

图4-20　磁脉冲式曲轴位置传感器连接器

（2）曲轴位置传感器输出信号的检测。拔出曲轴位置传感器的导线连接器，当转动发动机时，测量1、2端子间应有脉冲信号输出。如果没有脉冲信号输出，则需更换传感器。

（3）传感器线圈与信号转子的间隙检测。用厚薄规检查信号转子与传感器线圈凸起之间的空气间隙，其间隙为0.2～0.4mm。若间隙不符合要求，则需调整或更换传感器。

2. 霍尔式曲轴位置传感器检测

（1）传感器电阻检查：如图4-21所示，拆卸曲轴位置传感器连接器，用万用表分别测量传感器A-B端子和A-C端子的电阻值，正常为无穷大，否则应更换传感器。

（2）供电检测：先拔开曲轴位置传感器的导线连接器，将点火开关置于ON位，用万用表检测连接线侧C端子电压应为手册规定的电压，否则为电源供电线路连接不良或断路故障。

A:信号输出
B:接地
C:电源

图4-21　霍尔式曲轴位置传感器连接器

（3）信号检测：装好传感器连接器，起动发动机，用万用表检测传感器信号线A输出电压，发动机运转时传感器信号输出电压应在手册规定值之内变化且电压值呈脉冲性，否则应更换传感器；用示波器测量输出信号波形，判断传感器是否正常。

课题四　爆震传感器的检测

一、爆震传感器的作用

爆震就是发动机气缸内的混合气在不该被点燃的时候点燃，产生不正常燃烧，从而导致混合气产生的动力不足，不能顺利地推动活塞运转，甚至还会产生阻碍作用，从而导致发动机振动加剧、功率急剧降低的现象。爆震传感器是用来测定发动机抖动度的。当发动机产生爆震时其用来调整点火提前角的大小。一般采用压电陶瓷式,当发动机有抖动时,里面的陶瓷受到挤压而产生一个电信号输出。因为这个电信号很弱,所以一般爆震传感器的连接线都用屏蔽线包裹。

二、爆震传感器的类型

爆震传感器按检测方式不同可分为共振型和非共振型,按结构不同可分为压电陶瓷式和磁致伸缩(电感)式。

三、爆震传感器的位置及结构

爆震传感器安装在发动机气缸体上,以4缸机为例,它被装在2缸和3缸之间,或者1、2缸中间一个,3、4缸中间一个,如图4-22所示。爆震传感器主要由压电元件、振荡片、基座等组成,如图4-23所示。爆震传感器在拆卸与安装时注意避免振动,以防损坏传感器内部的元件。

图4-22 爆震传感器位置示意

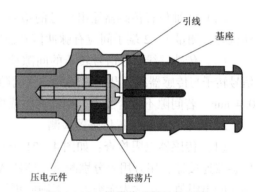

图4-23 爆震传感器结构示意

四、爆震传感器工作原理

爆震传感器利用结晶或陶瓷多晶体的压电效应工作,也有利用掺杂硅的压电电阻效应的。爆震传感器能感应出发动机在各种不同频率下的振动,并将振动转化为不同的电信号。当发生爆震时,压电元件将振动变成压力信号,并产生电压信号;当振动频率与振荡片固有频率"合拍"时,即为共振,此时压电元件产生最大电压信号,ECM由此可判断正在发生爆震,便随即延迟点火提前角。延迟点火提前角的大小由检测到的振动的大小决定。发动机爆震与点火提前角的关系可用图4-24表示。

五、爆震传感器检测

1. 爆震传感器电阻的检测

将点火开关置于"OFF"位,拔开爆震传感器导线接头,用万用表Ω挡检测爆震传感器的接线端子与外壳间的电阻应为无穷大;若测量出的电阻很小或导通,则需更换爆震传感器。

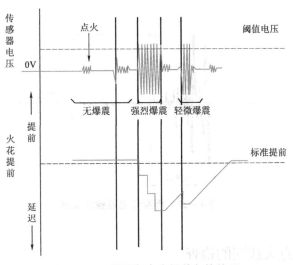

图 4-24 爆震与点火提前角的关系

对于磁致伸缩式爆震传感器（图 4-25），还可应用万用表 Ω 挡检测线圈的电阻，其阻值应符合规定值（具体数据见具体车型维修手册），否则更换爆震传感器。

2. 爆震传感器输出信号的检查

拔开爆震传感器的连接插头，根据爆震传感器线路连接图（图 4-26）在发动机怠速时用万用表或示波器检查爆震传感器的接线端子与搭铁间的电压或输出波形信号（图 4-27），此时应有脉冲电压或信号输出；如果没有，则应更换爆震传感器。

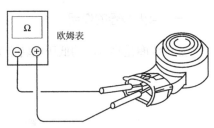

图 4-25 爆震传感器电阻检测示意

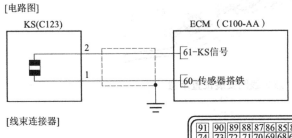

图 4-26 爆震传感器线路连接图

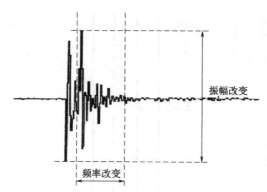

图4-27 爆震传感器检测波形

课题五　点火线圈的检查

一、点火线圈的作用

点火线圈是将电源的低压电转变为高压电的基本元件。点火线圈的安装如图4-28所示。

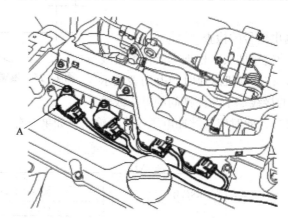

图4-28 点火线圈安装位置示意

二、点火线圈的分类

常用的点火线圈分为开磁路点火线圈和闭磁路点火线圈两种形式。

1. 开磁路点火线圈

开磁路点火线圈是利用电磁互感原理制成的，主要由硅钢片叠成的铁芯上的初级线圈和次级线圈、壳体及其外的附加电阻等组成。开磁路点火线圈有两接线柱式和三接线柱式之分。

2. 闭磁路点火线圈

闭磁路点火线圈将初级绕组和次级绕组都绕在口字形或日字形的铁芯上。初级绕组在铁芯中产生的磁通，通过铁芯构成闭合磁路。闭磁路点火线圈的优点是漏磁少，磁路的磁阻小，因而能量损失小、能量变换率高，可达75%（开磁路点火线圈只有60%），并且闭磁路点火线圈采用热固性树脂作为绝缘填充物,外壳以热熔性塑料注塑成型,其绝缘性、密封性均优于开磁路点火线圈。

三、点火线圈的检查

现在很多车型采用单缸独立点火系统,每个气缸由一个点火线圈点火,火花塞连接在各个次级绕组的末端。次级绕组中产生的高压电直接作用到各个火花塞上。根据控制初级线圈通断的点火器的安装位置不同,点火线圈主要有两线式和四线式两种连接方式。

1. 现代车型两线式点火线圈检查

就车检查:首先把保险丝盒内的燃油泵继电器拔掉,这样可防止喷油器在测试时喷油。将火花塞搭铁,起动发动机,观察火花塞是否跳火,如图 4-29 所示。起动发动机的时间不超过 5 s。用同样的方法可以检查其他各缸的点火线圈。

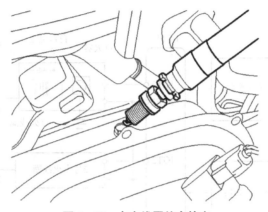

图 4-29 点火线圈就车检查

点火线圈电阻检测:分离点火线圈线束插头,根据点火线圈电路连接图(图 4-30)用万用表测量点火线圈初级绕组两端子的电阻,如图 4-31 所示。其标准值是 $0.75 \times (1 \pm 15\%)$ Ω。注意:根据点火电路图,一些车型也可测试次级绕组电阻值的大小。

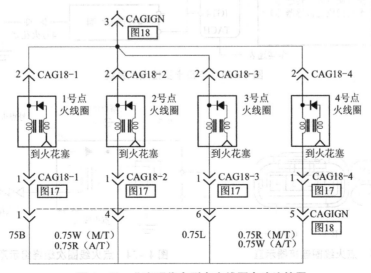

图 4-30 北京现代车型点火线圈电路连接图

2. 丰田车型四线式点火线圈检查

丰田车型的点火系统如图 4-32 所示，在 ECU 确定点火正时并向每个气缸发送点火信号 IGT。ECU 根据 IGT 信号接通或关闭点火器内的功率晶体管电源，功率晶体管进而接通或断开流向初级线圈的电流。当初级线圈中的电流被切断时，次级线圈中产生高压使火花塞产生火花。

（1）点火线圈供电线检查：断开点火线圈连接器，打开点火开关。如图 4-33 所示，测量 1 与 4 针脚的电压值应为 9~14 V。若不在标准值内，则检查 1 针脚供电线和 4 针脚负极线。

（2）点火线圈次级绕组检查：根据图 4-34 电路图检查点火线圈次级绕组电阻值，测量供电针脚与高压端的电阻值，注意二极管的连接方向。

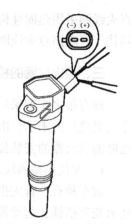

图 4-31 点火线圈初级绕组测量

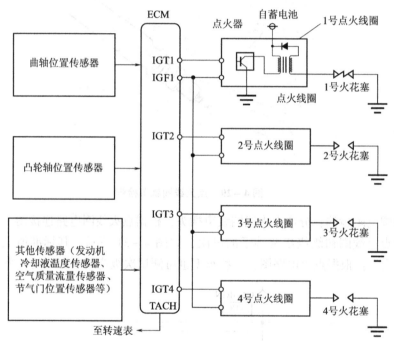

图 4-32 丰田卡罗拉点火系统

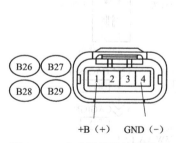

图 4-33 点火线圈连接器示意

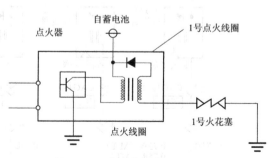

图 4-34 点火线圈次级绕组示意

（3）点火控制波形检查：用示波器检查点火控制波形。将示波器连接到 IGT 和 IGF 点火信号线，测试点火控制波形（图 4-35）。

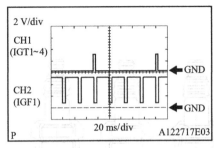

点火器IGT信号（从ECM到点火器）

ECM端子名称	IGT（1~4）和E1之间 IGF1和E1之间
检测仪量程	2V/div，20ms/div
条件	怠速运转时

提示：
波长随发动机转速的增加而变短。

图 4-35　丰田卡罗拉车型点火控制信号

课题六　火花塞的检测

一、火花塞的作用

将点火线圈产生的高压电引入发动机燃烧室，在其电极间隙中产生电火花点燃混合气。火花塞的工作条件极其恶劣，它要受到高压、高温以及燃烧产物的强烈腐蚀，因此，它必须具有足够的力学强度，能够承受冲击性高压电的作用，能承受剧烈的温度变化，具有良好的热特性，并且必须采用难熔耐蚀的材料，以抵抗高温燃气的腐蚀。

二、火花塞的结构

在钢制壳体的内部固定有高氧化铝陶瓷绝缘体，以使中心电极与侧电极之间保持足够的绝缘强度。绝缘体孔的上部装有金属杆，通过接线螺母与高压线相连；下部装有中心电极，结构如图 4-36 所示。金属杆与中心电极之间用导电玻璃密封。中心电极用镍锰合金制成，具有良好的耐高温、耐腐蚀和导电性能。

三、火花塞的热特性

火花塞作为发动机点火系统的终端部件起着至关重要的作用。火花塞热值是指火花塞受热和散热能力的一个指标，其自身所受热量的散发量称为热值。火花塞热值包括 1~9 九个数字，其中 1~3 为低热值，4~6 为普通中热值，7~9 为高热值。这个数值越大，它就越"冷"；这个数值越小，火花塞的散热就越小，也就越"热"。火花塞的热特性主要取决于绝缘体裙部的长度（如图 4-37 所示），绝缘体裙部长的火花塞，受热面积大，传热距离长，散热困难，裙部温度高，称为热型火花塞；反之，裙部短的火花塞，受热面积小，传热距离短，容易散热，裙部温度低，称为冷型火花塞。热型火花塞适用于低速、低压缩比、小功率发动机；冷型火花塞适用于高速、高压缩比、大功率发动机。

火花塞绝缘体裙部（指火花塞中心电极外面的绝缘体锥形部分）直接与燃烧室内的高温气体接触而吸收大量的热，吸入的热量通过外壳分别传到气缸盖和大气中。实验表明，要保证汽车发动机正常工作，火花塞绝缘体裙部应保持 500℃~600℃ 的温度（这一温度称火

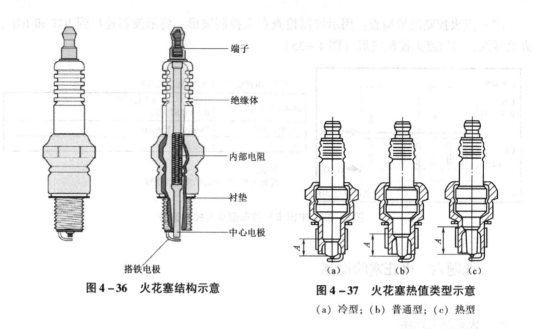

图 4-36 火花塞结构示意

图 4-37 火花塞热值类型示意
(a) 冷型；(b) 普通型；(c) 热型

花塞的自洁温度）。若温度低于此值，则在绝缘体裙部将会形成积炭而引起电极间漏电，影响火花塞跳火。若绝缘体温度过高（超过 900℃），则混合气与这样炽热的绝缘体接触时，将发生炽热点火，从而导致发动机早燃。火花塞正常工作的温度在 450℃ ~ 870℃。这时火花塞呈黄褐色。如果火花塞工作温度长期低于 450℃，那么火花塞周围会有很多积炭，火花塞呈黑色。

四、火花塞检测

1. 火花塞电极间隙检查

火花塞电极间隙对火花塞的工作有很大影响。间隙过小，则火花微弱，并且容易因产生积炭而漏电；间隙过大，所需击穿电压增高，发动机不易起动，且在高速时容易发生"缺火"现象。故火花塞间隙应适当。一般蓄电池点火系统使用的火花塞间隙为 0.8 ~ 1.0 mm，有些火花塞间隙可达 1.0 mm 以上。如图 4-38 所示，使用火花塞间隙规检查中心电极和侧电极之间的间隙，量规与间隙之间应有轻微的阻力。

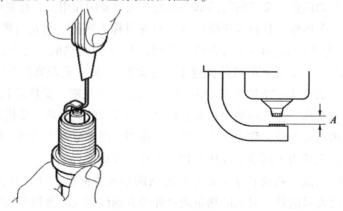

图 4-38 火花塞间隙检查

2. 电极情况检查

检查火花塞电极是否有烧蚀，如果电极边缘被完全磨掉或变圆，则应更换火花塞；检查电极是否有明显的积炭或汽油痕迹，如有，则应用火花塞清洁剂进行清洁。火花塞电极情况检查如图 4-39 所示。

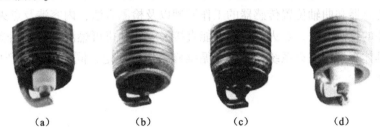

图 4-39 火花塞电极情况检查

(a) 正常；(b) 有积炭；(c) 有油污；(d) 有烧蚀

3. 火花塞电阻检测

用万用表测量接线螺母与中心电极的电阻和侧电极的电阻，图 4-40 中ⓐ的电阻应符合手册规定的值，ⓑ的电阻正常是 10 MΩ 以上，否则应更换火花塞。

4. 外部情况检查

检查陶瓷绝缘体是否有裂纹；检查火花塞螺纹连接部分是否有损坏。

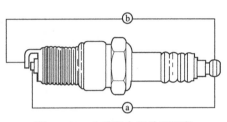

图 4-40 火花塞电阻检测示意

课题七 实验实训

一、技能要求

(1) 能用解码器读取点火系统故障码、数据流。
(2) 能进行点火系统执行元件的动作测试。
(3) 能进行点火系统主要部件的检测及更换。
(4) 能进行点火系统相关传感器的检测操作。
(5) 建立点火系统故障诊断思路。
(6) 能查阅使用点火系统维修技术资料。

二、建议开设实验实训项目

(1) 火花塞的检测和更换。
(2) 点火线圈的检测和更换。
(3) 曲轴位置传感器和凸轮轴位置传感器的检测。
(4) 单缸火花塞不工作的故障诊断。
(5) 点火系统不工作的故障诊断。

✱ **小结**

　　本项目主要学习发动机点火系统的工作原理和类型、微机点火系统的组成和工作过程、凸轮轴位置传感器和曲轴位置传感器的工作原理以及检测方法，内容涉及点火系统主要传感器和执行元件的检测方法。点火系统的性能直接影响发动机可燃混合气的燃烧、经济性和排放污染等。具体车型的点火系统检查应遵循维修手册的规定，同时参考生产中的简易方法，但须确保安全。

项目五
发动机排放控制系统检测与维修

1. 知识目标

能描述排放控制系统的组成及作用；

能描述 PCV 系统、燃油蒸发排放系统、EGR 系统、三元催化净化系统的构成及工作特点；

能描述排放控制系统的控制原理；

能描述 PCV 阀、炭罐电磁阀、EGR 阀、三元催化器、氧传感器的结构及作用。

2. 能力目标

能使用解码器读取燃油系统故障码、数据流；

能进行执行元件的动作测试方法；

能检测、分析尾气成分；

能独立完成燃油系统的燃油压力测试并能分析测试结果；

能进行排放控制系统主要部件的检测及更换；

能规范使用检修排放控制系统部件及检测仪器；

掌握排放控制系统典型故障的诊断方法；

建立燃油排放控制系统故障诊断思路。

课题一　认识排放控制系统

一、汽油发动机的燃烧理论

汽油发动机正常燃烧的条件是正确的空燃比、正确的点火正时和点火能量、正确的缸压、正确的配气正时。

混合气的成分不同，对发动机动力性和经济性、排放污染有较大影响，而混合气的成分通常用"空燃比"或"过量空气系数 λ"表示。汽油发动机正常燃烧对空燃比的要求如下。

1. 空燃比和过量空气系数 λ

空燃比和过量空气系数 λ 两个术语都是表示混合气浓稀程度的术语，在表示混合气浓稀程度时根据具体使用场合选用不同的表达方式更为方便。

内燃机的设计都是通过燃烧有机燃料来产生动力，汽油是有机的碳氢燃料，由于是多种碳氢有机物的混合物，所以无化学分子式，燃烧过程将空气中的 O_2 和燃料中的 H 和 C 相结合。在汽油发动机中，火花塞点火开始燃烧过程，燃烧过程将持续 0.001~0.01 s。

理论上，充分燃烧过程发生的基本化学反应为：H + C + O_2 + 火花 = 热量 + H_2O + CO_2。

如果燃烧过程完全，所有的 HC 与所有可用的 O_2 完全结合，恰好完成燃烧的空气和燃料的比例被称为理论空燃比，汽油的理论空燃比以质量比（重量比）表示为 14.7∶1（空气比汽油），或用体积比表示为 1 L 燃油完全燃烧大约需要 9 500 L 空气。

按理论上空气和汽油充分燃烧过程发生的基本化学方程确定空气和汽油的混合比，即空气质量与汽油质量比，称为"空燃比"，通常用 A/F 表示。

汽油完全燃烧并生成 CO_2 和 H_2O 时的空燃比称为"理论空燃比"，约为 14.7。在实际的发动机燃烧过程中，燃烧 1 kg 汽油所消耗的空气不一定就是理论所需求的空气量，它与发动机的结构与使用工况密切相关，所供实际空气量可能大于或小于理论空气量。所以也可以将实际空气量与理论空气量 14.7 的比值称为"过量空气系数 λ"，其用公式表示为：

$$\text{过量空气系数 } \lambda = \text{实际空气质量}/14.7$$

若 $\lambda > 1$，表示所供的空气量大于理论空气量，这种混合气叫稀混合气。

若 $\lambda < 1$，表示空气量不足以使燃料完全燃烧，这种混合气叫浓混合气。

$\lambda = 1$ 和空燃比 14.7 是相同的混合气浓度。

实际上由于诸多因素的影响，燃烧过程发生的基本化学反应为：H + C + O_2 + N_2 + 其他化学物质 + 火花 = 热量 + H_2O + CO + CO_2 + HC + NO_x + 其他化学物质。

2. 不考虑排放达标的情况下空燃比对发动机动力性和经济性的影响

过量空气系数 λ 表示实际的空燃比与理论空燃比（14.7∶1）的差异程度。图 5-1 所示为空燃比与输出功率、油耗率的关系。

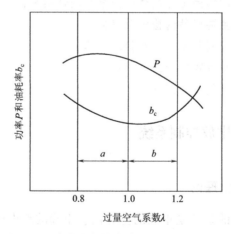

图 5-1 空燃比与输出功率、油耗率的关系
a—浓混合气（缺少空气）；b—稀混合气（空气过量）

从图 5-1 中可知：

$\lambda < 1$ 为空气不足，形成浓的混合气。在 λ 为 0.85~0.95 时发动机发出最大的输出功率。$\lambda > 1$ 为在此范围内具有过量空气或称为稀混合气。该过量空气系数标志减少燃油消耗和发动机功率降低。λ 能达到的最大值即所谓的"稀燃极限"，它在很大程度上依赖于发动机设计和所采用的混合气形成系统。在混合气稀燃极限时，混合气不再能点着，发生燃烧失

火，从而明显地增加运转的不均匀性。

进气管喷射的汽油发动机在缺少空气 5%～10%（$\lambda = 0.85～0.95$）的情况下能得到最大的输出功率。在过量空气为 10%～20%（$\lambda = 1.1～1.2$）的情况下达到最低的燃油消耗。

若采用极高压力喷射与空气对冲，则可以很好地充分混合，点燃后不发生燃烧的不连续，发动机运转得也较稳定。若想点燃混合气，则需在火花塞附近创造低于"稀燃极限"的混合气。

3. 在考虑排放达标的情况下对空燃比的要求

汽油发动机的燃油消耗率基本上取决于空燃比。为了保证真正的完全燃烧就必须保证有过量空气，从而达到尽可能低的燃油消耗。这受到混合气的着火能力和燃烧时间的限制。

空燃比也对排气后处理系统的效率具有决定性的影响。三元催化转换器代表这一先进技术，该催化转换器能减少 98% 以上的有害排放成分。为了使三元催化转换器运行，发动机在正常的温度工况下必须准确地保持过量空气系数为 1。为此必须准确地确定吸入的空气量和准确地计量供给的燃油质量。

为减少有害排放物质，现有的采用燃烧室外形成混合气的系统，只要发动机运行工况允许，均采用理论空燃比工作。某些运行工况需要对空燃比进行专门校正。如当发动机在冷态时，水温在 80℃ 以下，混合气应较浓；节气门突然开大时，混合气要加浓；节气门突然关小时，混合气要变稀或断油；大负荷时应加浓。

为满足以上要求，混合气形成系统必须具备混合精确和混合均匀两个功能。电脑控制的进气管喷射发动机能精确地喷射燃油量，可按不同工况的空燃比喷油，可达到混合气形成的精确的一个条件。空气和燃油要充分均匀地分布在燃烧室内是充分燃烧的另一个条件，这就必须达到高度燃油雾化。否则，大的油滴将沉淀在进气管或燃烧室壁上，这些大的油滴不能完全燃烧，从而导致碳氢化合物排放量增加。电脑控制的燃油喷射系统提高了喷油压力，汽油和空气的对冲大大增强，可达到高度燃油雾化。

燃油喷射系统的功能在于供给尽可能适合发动机相应工况空燃比的混合气。喷射系统，特别是电子系统能较好地将混合气成分保持在规定的很窄的范围内。这有利于燃油消耗、驾驶性能和功率输出。

1）直接喷射不稀燃的发动机

近几年来汽油机发展日新月异，以前在技术、材料和生产成本上的问题被一一解决。像柴油机一样，在气缸内部形成混合气的系统（燃油直接喷入燃烧室内的极高压喷射系统）也称缸内直接喷射或直接喷射，它很好地将汽油进一步雾化并充分混合，从而降低燃油消耗。这种系统的重要性越来越突显。

2）直接喷射和分层进气的稀燃发动机

缸内直接喷射很好地将汽油进一步雾化并充分混合，由于能充分混合，稀燃极限的中断燃烧情况消失，从而降低了燃油消耗。直接喷射具有不同的燃烧条件，使稀燃极限极大提高。因此这些发动机可在部分负荷工况时以极高的过量空气系数（λ 高达 4.0）运行。

二、汽车排放污染物的来源和处理

1. 排放污染物来源

（1）从排气管排出的废气，其主要成分是 CO、HC、NO_x，其他还有 SO_2、铅化合物和碳烟等。

(2) 曲轴箱窜气，即从活塞与气缸之间的间隙漏出，再经曲轴箱、通气管排出的燃烧气体，其主要成分是 HC。

(3) 从油箱盖、油泵接头、油泵与油箱的连接处挥发出的汽油蒸气，其主要成分是 HC。汽油车排放源的有害气体相对排放量如图 5-2 所示。

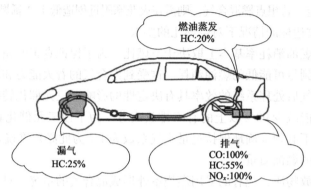

图 5-2　汽油车排放量位置

2. 燃烧前处理和燃烧后处理

燃烧前处理是在燃烧过程中采取措施以防止有害污染物的生成；燃烧后处理是在燃烧过程发生之后采取措施以减少污染物的生成。

表 5-1 列出了主要的排放控制系统，并将它们分为燃烧前处理和燃烧后处理两组。表中还列出了利用这些方法控制的污染物质。

表 5-1　燃烧前、后处理系统

系统	分类	控制的污染物
发动机设计/运行	燃烧前处理	HC、CO、NO_x
计算机控制	燃烧前处理	HC、CO、NO_x
点火控制	燃烧前处理	HC、CO、NO_x
废气再循环	燃烧前处理	NO_x
蒸发控制	燃烧前处理	HC
空气喷射	燃烧后处理	HC、CO
催化转换器	燃烧后处理	HC、CO、NO_x

图 5-3 所示为减少排放的方法。

燃烧前处理控制包括燃料配比、发动机结构设计、发动机运行、计算机控制、点火控制、废气再循环以及蒸发控制。

机内净化措施：与污染物生成之后再对其进行控制相比，由于控制污染物的生成更加有效，因而改进发动机结构设计是汽车污染控制的最好措施。良好的发动机结构设计能够降低附加设备和后处理方法的要求。

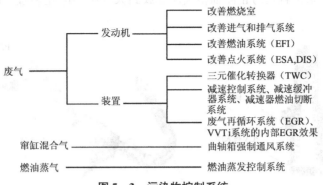

图 5-3 污染物控制系统

三、废气的产生和控制

理想的燃料/空气混合比为 1∶14.7。最理想的燃烧结果：CO_2、H_2O、N_2。

废气产生机理及控制方式有：

1）氧化氮（NO_x，如 NO、NO_2）

产生机理为：过热（1 357℃），空燃比为 12∶1～18∶1。

控制及清除方式：EGR 系统及三元催化净化系统。

特点是难于检测。

2）碳氢化合物（HC）

产生机理为：燃烧不完全、燃油蒸气和曲轴箱漏气。

控制及清除方式：EVAP、TWC、PAIR、PCV。

3）一氧化碳（CO）

产生机理为：缺氧。

控制及清除方式：三元催化净化系统、二次空气喷射系统等。

4）二氧化碳（CO_2）

完全燃烧的结果。

5）氧（O_2）

混合气中氧气过剩或某缸不工作，使 O_2 含量增加。

课题二 曲轴箱强制通风系统的检测与维修

一、曲轴箱强制通风（PCV）系统的作用

曲轴箱强制通风系统又称 PCV 系统。在发动机工作时，会有部分可燃混合气和燃烧产物经活塞环由气缸窜入曲轴箱内。当发动机在低温下运行时，还可能有液态燃油漏入曲轴箱。这些物质如不及时清除，将加速机油变质并使机件受到腐蚀或锈蚀。又因为窜入曲轴箱内的气体中含有 HC 及其他污染物，所以不允许把这种气体排放到大气中。因此在现代的汽车上一般都采用 PCV 系统将这些进入曲轴箱的气体导入进气歧管，使其重新燃烧。曲轴箱

强制通风（PCV）系统就是防止曲轴箱气体排放到大气中的净化装置。图5-4所示为曲轴箱强制通风结构。

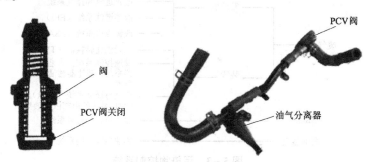

图5-4 曲轴箱强制通风结构

未燃烧气体碳氢（HC）、水蒸气和各种汽化的酸都能破坏机油而产生油泥，使曲轴箱锈蚀。

二、曲轴箱强制通风类型

PCV有开式系统和闭式系统两种。

1. 开式系统

图5-5（a）所示是在早先曲轴箱通风的基础上，将曲轴箱和空气滤清器下方的进气管连通，并且加装一个PCV阀，将原通风管拆除后形成的开式系统。这种系统结构简单，改装方便，不必维修保养，可基本上消除曲轴箱排放。但自通气孔进入曲轴箱的空气未经滤清，而且当曲轴箱内排放物大量增加时，有从通气孔倒流到大气中去的可能性。

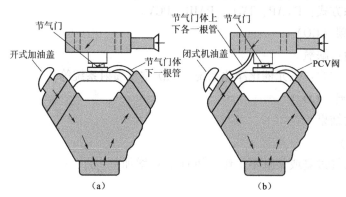

图5-5 曲轴箱强制通风类型示意
(a) 开式系统　(b) 闭式系统

2. 闭式系统

如图5-5（b）所示，闭式系统将通气孔改接在空气滤清器已滤清的一边，从而避免了开式系统的缺点。新鲜空气先经空气滤清器，然后进入曲轴箱与窜气混合。发动机工作时，利用进气管真空度把PCV阀打开，进入气缸进行燃烧。当发动机在高速全负荷工作时，一旦窜气量过多而不能完全吸尽时，多余的窜气还可以从曲轴箱倒流入滤清器，经进气管吸入气缸。这种方式既不会使窜气排入大气，又能用新鲜空气进行曲轴箱换气。这种装置由于具有双重优点，所以目前在世界上已被普遍使用。

三、PCV 阀工作时机

1. 发动机停机或回火时

由于其自身重量和弹簧重量，PCV 阀关闭。图 5-6 所示为发动机在各种工况下时 PCV 阀的开度位置。

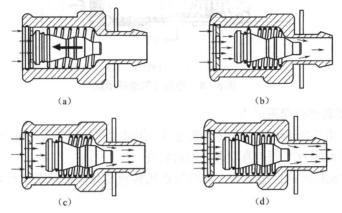

图 5-6 发动机在各种工况下时 PCV 阀的开度位置
(a) 不工作时；(b) 怠速负荷工况；(c) 中负荷工况；(d) 大负荷工况

2. 怠速运转或减速时

此时负压很强，所以 PCV 阀向上移动（打开）。但是由于真空通道仍然狭窄，窜缸混合气量还很少。

3. 正常运转时

真空度正常，真空通道扩宽，部分打开。

4. 加速或高负荷时

PCV 阀完全打开，真空通道也完全打开。

四、PCV 阀测试方法

1. PCV 阀的传统测试法
1) 将洁净软管安装到通风阀上
2) 检查通风阀的工作情况
(1) 向气缸盖侧吹空气，检查并确认空气畅通，如图 5-7 所示。

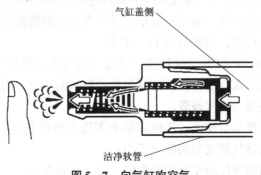

图 5-7 向气缸吹空气

（2）向进气歧管侧吹入空气，检查并确认空气流通困难，如图 5-8 所示。

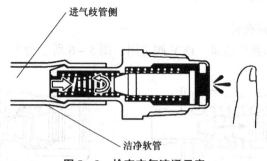

图 5-8　检查空气流通示意

2. PCV 阀的转速改变测试法

（1）起动发动机怠速运转。待发动机达到工作温度时，记录发动机的怠速转速。

（2）用夹具夹住 PCV 阀与真空源之间的软管。

（3）观察发动机转速怠速运转，观察发动机转速变化，记录发动机转速，并与标准值相比较。

3. PCV 的真空测试法

（1）打开机油加注口盖。

（2）将一张轻薄的硬纸片盖在加注口上。

（3）起动发动机。

（4）发动机怠速运转一分钟，观察纸片是否有往下吸的状态。

课题三　活性炭罐系统的检测与维修

一、活性炭罐控制系统功用

活性炭罐系统简称 EVAP 系统。它的功用是收集油箱和浮子室内的燃油蒸气，并将燃油蒸气导入气缸使其参加燃烧，从而防止燃油蒸气直接排入大气而造成污染。同时，根据发动机工况，控制导入气缸参加燃烧的燃油蒸气量。

二、EVAP 控制系统的组成与工作原理

如图 5-9 所示，油箱的燃油蒸气通过单向阀进入活性炭罐上部，空气从炭罐下部进入，清洗活性炭，在炭罐右上方有一定量排放小孔及受真空控制的排放控制阀，排放控制阀内部的真空度由炭罐电磁阀控制，电磁阀受 ECU 控制。

发动机工作时，ECU 根据发动机转速、温度、空气流量等信号控制炭罐电磁阀的开闭以控制排放控制阀上部的真空度，从而控制排放控制阀的开度。当排放控制阀打开时，燃油蒸气通过排放控制阀被吸入进气歧管。

在部分电控 EVAP 控制系统中，活性炭罐上不设真空控制阀，而将受 ECU 控制的电磁阀直接装在活性炭罐与进气管之间的吸气管中。

图 5-10 所示为韩国现代轿车装用的电控 EVAP 控制系统。

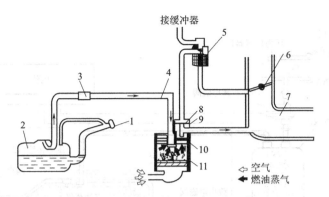

图 5-9 EVAP 控制系统组成示意

1—油箱盖；2—油箱；3—单向阀；4—排气管；5—电磁阀；6—节气门；7—进气门；
8—真空阀；9—真空控制阀；10—定量排放孔；11—活性炭罐

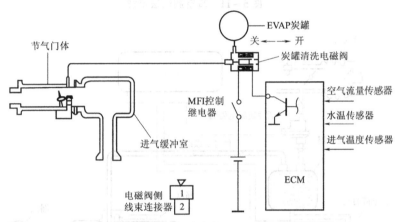

图 5-10 韩国现代轿车电控 EVAP 控制系统示意

三、新型 EVAP 系统

新的油箱蒸发物排放控制系统要求采取措施探测到蒸发排放控制系统中油泵与油箱的接缝及油箱盖上的任何一点的泄漏情况。

第一种诊断油箱泄漏的方法——真空测试法（图 5-11）

先用一个截止电磁阀中断供给活性炭罐的新鲜空气，从而密封油箱系统。然后，使发动机在怠速下运行，打开活性炭罐电磁阀，这时进气管的真空度会扩展到油箱的整个系统。装在油箱内的压力传感器监测到打开活性炭罐电磁阀以后的压力变化，压力变化曲线在指定时间内应下降为进气歧管压力，否则系统可确诊为存在泄漏。

另一种诊断油箱泄漏的方法——加压测试法（图 5-12）

这种测试方法不再把用压力传感器监测到的压力值作为测试参数，而是把空气泵的工作电流作为测试参数。

测试过程是用电动空气泵给油箱加压，压力上升后，电机的运转阻力会使电机的工作电流加大，即如果油箱是密封系统的话，那么电机会因阻力电流而在标定时间内上升至一个指定值。

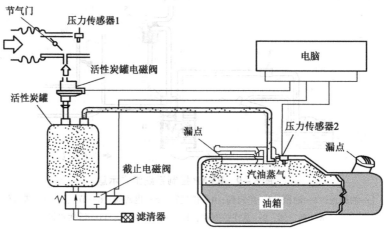

图 5-11 真空测试法示意

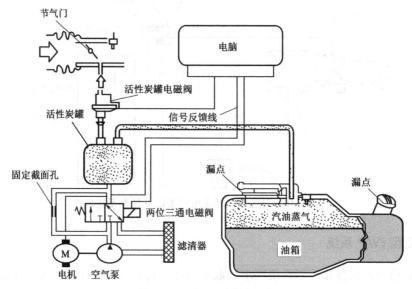

图 5-12 加压测试法示意

根据固定截面的基准孔，在汽车行驶中或在发动机运行时，活性炭罐电磁阀会通过确定的空气流量。

电脑控制用两位三通电磁阀将空气泵与活性炭罐接通。得到的电流曲线将指明燃油系统是否存在泄漏，甚至根据电流上升到标定值的时间确定泄漏孔的大小。

结论：抽真空和加压是空调系统测试是否有泄漏的方法，现在被用到了油箱检漏上，其中加压测试要比抽真空测试效果好。

四、与活性炭罐系统相关的故障及注意事项

1. 车辆行驶异响

非怠速运转的发动机工作时，时不时可以听到"嗒嗒"的响声。遇到这种状况时，请不要惊慌。这时要做的第一件事情是找到车上的活性炭罐电磁阀，判断"嗒嗒"的响声是

不是它发出的。如果是，那就不必理会了。因为活性炭罐电磁阀在油门打开时会产生断续的开关动作，从而发出声音，这属于正常现象。

2. 踩油门唑车，车内油味较大

当遇到踩油门加速时唑车，且车内的油味比较大的故障时，要格外注意炭罐系统中的管路是否破损。燃油蒸气会沿着破损处直接排入大气中，造成车内油味大。而如果这时管路漏油，使进入发动机进气道的是空气而不是燃油蒸气，则势必造成发动机混合气过稀，进而导致不定时的唑车现象。

3. 发动机怠速忽高忽低且加速无力

如果发动机起动后，怠速时转速有规律地忽高忽低且汽车加速无力，则要注意检查是否是由炭罐的空气入口及过滤网阻塞引起的。因为此时外界空气不易进入炭罐，炭罐内缺少新鲜空气，怠速时，在进气真空吸力的作用下，吸附在活性炭罐内的燃油蒸气被吸入进气歧管，使氧传感器检测到混合气过浓，于是发动机控制单元减少喷油量，此时可燃混合气的浓度随之减小，使怠速变低；而随后，由于喷油量减小，氧传感器在下一循环又检测到混合气过稀，于是电脑又增加喷油量，使怠速接着升高，因此便出现了怠速时转速有规律地忽高忽低现象。出现这种情况时，车主要及时检查炭罐的进气入口是否畅通。

4. 发动机熄火或不易起动

此时，则要注意检查可能导致问题出现的活性炭罐电磁阀。如果电磁阀一直处于关闭状态，那么炭罐内的燃油蒸气会越聚越多，最终充满整个炭罐，其余的燃油蒸气只能逸到大气中，这样既污染环境又浪费燃油。反之，如果电磁阀一直处于开的状态，发动机进气道的混合气就一直处在加浓状态，而同时发动机的控制单元由于此时还没有控制活性炭罐电磁阀工作，也就不会发出降低喷油量的指令，这样便会造成热车时混合气过浓而引起发动机熄火，以及热车熄火以后不易起动的现象。

5. 加油不宜过满或过快

每次加油不要过满，在加到快满的时候记得要慢一些。加注过满容易造成活性炭罐系统中的管路进入汽油，这些液态燃料进入炭罐不仅对炭罐本身构成危害，而且会顺着管路流入进气道而引起火花塞"淹死"，造成汽车一加油就熄火直至无法起动的严重后果。而如果加油过快的话，那么膨胀的蒸气加之燃油顶出来的气体则来不及释放，从而产生呛油。

课题四　废气再循环系统的检测与维修

一、废气再循环系统（EGR系统）的作用

废气再循环系统的作用是降低燃烧室的最高温度，从而减少NO_x的产生。由于加速或发动机高负荷运转，燃烧室内的温度便升高，而生成的NO_x则随之增加。这是因为高温促使氮和空气中的氧化合。因此，减少NO_x生成的最好办法是降低燃烧室的温度。废气的主要成分是CO_2和水蒸气（H_2O）。这些都是非常稳定的气体，不和氧反应。EGR装置通过进气歧管使这些气体再循环，从而使燃烧温度降低。

二、EGR 系统工作原理

图 5-13 所示为 EGR 系统组成示意。

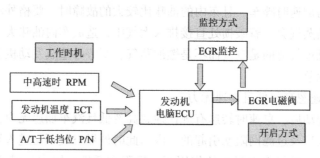

图 5-13　EGR 系统组成示意

EGR 系统是将柴油机或汽油机产生废气的一小部分再送回气缸。再循环废气由于具有惰性而将会延缓燃烧过程，也就是说，燃烧速度将会放慢，从而导致燃烧室中的压力形成过程放慢，这就是氮氧化合物会减少的主要原因。另外，提高废气再循环率会使总的废气流量减少，因此废气排放中总的污染物输出量将会相对减少。

EGR 系统的任务就是使废气的再循环量在每一个工作点都达到最佳状况，从而使燃烧过程始终处于最理想的情况，最终保证排放物中的污染成分最低。由于废气再循环量的改变会对不同的污染成分可能产生截然相反的影响，因此所谓的最佳状况往往是一种折中的、使相关污染物总的排放达到最佳状态的方案。比方说，尽管提高废气再循环率对减少氮氧化物（NO_x）的排放有积极的影响，但同时也会对颗粒物和其他污染成分的减少产生消极的影响。

当发动机在怠速、低速、小负荷及冷机状态时，ECU 控制废气不参与再循环，这可避免发动机性能受到影响。当发动机超过一定的转速、负荷及达到一定的温度时，ECU 控制少部分废气参与再循环，而且，参与再循环的废气量根据发动机转速、负荷、温度及废气温度的不同而不同，可以达到废气中的 NO_x 最低。

三、EGR 阀开启方式

1. 直接真空控制

极少数早期车型 EGR 阀的真空由节气门控制，真空管接至节气门前方，当发动机加速时，真空源即作用于 EGR 阀上。

2. 温控阀控制

早期 EGR 阀的真空源是由温控阀控制的。当发动机达到工作温度时，位于水道上的温控阀打开，接通节气门到 EGR 阀膜片室的真空。如果节气门打开到一定角度，真空吸力便吸开 EGR 阀，使废气进入进气歧管。

3. 电磁阀控制

EGR 阀真空源的工作：由电脑控制一个电磁阀，当电脑不提供搭铁时，真空无法流到 EGR 膜盒；当电脑提供搭铁时，电磁阀打开，使真空源流到 EGR 膜盒，EGR 阀打开（大部分车型）。

4. 步进电机控制

部分车型的 EGR 系统采用步进电机控制 EGR 流量控制阀的开度，从而控制废气的再循环量。步进电机有 4 组线圈，都由 ECM 电脑控制搭铁动作。步进电机线圈电阻为 20.9 ~ 23.1 Ω。在 EGR 系统工作时，步进电机的步数一般在 10 ~ 55 步。

四、EGR 系统的监控方式

电控发动机的电脑控制系统会采用各种方式来监控 EGR 系统是否工作。常见的监控方式有以下几种。

1. 进气压力传感器 MAP 或氧传感器监控

一些采用 D 型（采用进气歧管压力传感器）电控燃油喷射系统的发动机，可以根据 MAP 信号的变化情况检测 EGR 系统是否工作。

2. 开关式监控

该系统是由电脑控制 EGR 真空电磁阀的搭铁，控制真空源去打开 EGR 阀，同时另外配置一组 EGR 位置传感器（开关信号）检测 EGR 作用信号。电磁阀和位置传感器合称 EGR 控制电磁阀总成。

3. 差压阀位置传感器监控

该系统采用差压阀位置传感器监控 EGR 系统的工作。

4. 排气温度检测控制

设置一个温度传感器来检测 EGR 阀作用。早期车型的 EGR 温度传感器是由电脑输出一个 12 V 的检测电源到 EGR 温度传感器。现代车型均采用 5 V 参考电源的负温度系数的温度传感器，原理类似水温传感器。例如，丰田、日产、三菱。

5. EGR 位置（高度）传感器监控

该车型检测 EGR 阀是否作用，是在 EGR 膜片上装置了一个电位计来检测 EGR 阀的开度。电位计工作电源为 5 V。若以电压信号检测 EGR 阀全关时为 0.5 ~ 1.5 V，全开时为 4.5 ~ 4.8 V，真空膜盒中有 4 ~ 7 inHg 真空吸力时，即可打开 EGR 阀。例如，本田、GM、上海别克等。

6. EGR 阀检测

当发动机在怠速运转时，直接把真空枪接到 EGR 阀真空管，发动机应该会抖动或熄火；若不会，表示 EGR 阀卡住或膜盒不良。

五、EGR 系统类型

1. 开环控制 EGR 系统

如图 5 - 14 所示，该系统主要由 EGR 阀和 EGR 电磁阀等组成。

工作原理：EGR 阀安装在废气再循环通道中，用以控制废气再循环量。EGR 电磁阀安装在通向 EGR 的真空通道中，ECU 根据发动机冷却液温度、节气门开度、转速和起动等信号来控制电磁阀的通电或断电。ECU 不给 EGR 电磁阀通电时，控制 EGR 阀的真空通道接通，EGR 阀开启，进行废气再循环。ECU 给 EGR 电磁阀通电时，控制 EGR 阀的真空通道被切断，EGR 阀关闭，停止废气再循环。

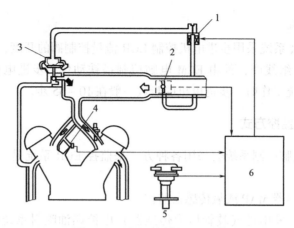

图 5-14 开环控制 EGR 系统
1—EGR 电磁阀；2—节气门；3—EGR 阀；4—水温传感器；5—曲轴位置传感器；6—ECU

2. 闭环控制 EGR 系统

闭环控制 EGR 系统，检测实际的 EGR 率或 EGR 阀开度作为反馈控制信号，其控制精度更高。

与开环控制相比，只是在 EGR 阀上增设一个 EGR 阀开度传感器，其控制原理如图 5-15 所示。

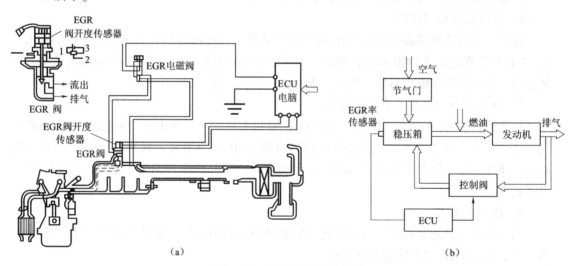

图 5-15 闭环控制 EGR 系统
(a) 用 EGR 阀开度反馈控制的 EGR 系统；(b) 用 EGR 率反馈控制的 EGR 系统

EGR 率传感器安装在进气总管中的稳压箱上，新鲜空气经节气门进入稳压箱，参与再循环的废气经 EGR 电磁阀进入稳压箱，传感器检测稳压箱内气体中的氧浓度，并转换成电信号送给 ECU，ECU 根据此反馈信号修正 EGR 电磁阀的开度，使 EGR 率保持在最佳值。

3. 真空膜片式 EGR 系统

真空膜片式 EGR 系统（如图 5-16 所示）主要有正背压废气再循环系统和负背压废气再循环系统。

此系统主要通过电磁阀控制传送到 EGR 阀内部膜片上部控制管路中的真空度，再结合发动机在不同工况下的排气压力和进气歧管绝对压力（MAP）差值综合控制 EGR 阀的开关程度。

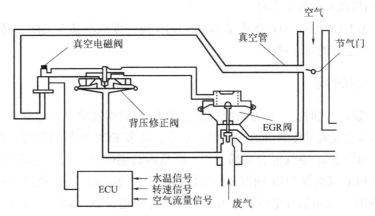

图 5-16 装有背压修正阀的电控 EGR 系统

4. 电子控制式 EGR 系统

电子控制式 EGR 系统（如图 5-17 所示）除了可实现 EGR 率的精确控制外，还可实现比机械式 EGR 量值更大的 EGR 率控制。电子控制的 EGR 系统根据传感器测得的发动机转速、负荷、温度状态等工况信号，由 ECU 计算出符合当时工况的最佳的 EGR 率，并控制 EGR 执行器进行相应的操作。更为精确的 EGR 控制系统还对 EGR 率进行闭环控制，将实际的 EGR 率反馈给 ECU，供 ECU 对输出的控制信号进行修正，以便实际的 EGR 率与控制目标更为逼近。

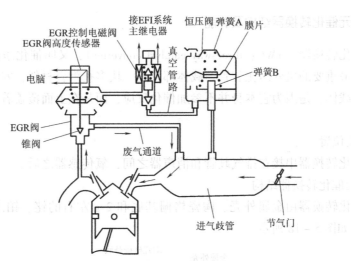

图 5-17 电子控制式 EGR 系统

六、EGR 控制系统的基本模式

1. 当发动机低速运转，水温低于 60℃ 时

EGR 阀关闭，不进行废气再循环，以防止发动机怠速不稳。为避免燃烧不稳定，发动机冷却水温超过 100℃，EGR 阀关闭，不进行废气再循环。

2. 当发动机中速运转、以中等负荷工作时

ECU 控制 EGR 阀开启，进行废气再循环。

3. 当发动机以大负荷工作时

空燃比（A/F）较小，NO_x 生成量不多，EGR 阀开度减小甚至关闭，降低废气再循环，以保证发动机有足够的功率输出。

七、五线制 EGR 阀

安装于排气歧管之间，由动力系统控制电脑 ECU 根据发动机冷却液温度传感器、节气门位置传感器和空气流量传感器的信号作出指令，调节 EGR 阀枢轴位置，将少量的废气送回燃烧室，从而使燃油/空气混合变稀，用于降低因高温燃烧产生的氮氧化物（NO_x）的排放水平。同时 ECU 又监视 EGR 阀枢轴位置传感器信号的输入，确保阀门对 ECU 指令作出正确响应。当 EGR 阀反馈信号电压高于 0.2 V，且时间超过 20 s 时，ECU 将存储故障信息，点亮发动机故障指示灯。

由于 EGR 阀所处的环境长期承受废气的污染，工作时间久了，在阀门与阀口上不免要附着一些积炭，当使用的燃油质量不达标时，燃烧就不完全，造成卡滞的机会便会大大增加，一旦 ECU 检测到 EGR 阀的实际枢轴位置与设定值有所偏差，便会记录故障信息，存储代码，点亮发动机故障指示灯。

课题五 三元催化转换器（TWC）的检测与维修

一、三元催化转换器结构及功能

三元催化转换器（TWC：three-way catalyst converter），又叫催化净化器，是安装在汽车排气系统中最重要的机外净化装置。载体部件是一块多孔陶瓷材料，安装在特制的排气管当中。称它是载体，是因为它本身并不参加催化反应，而是在上面覆盖着一层铂、铑、钯等贵重金属。

1. 安装位置

三元催化转换器串接在排气歧管和消声器之间，氧传感器之后。

2. 三元催化转换器结构

三元催化转换器由金属外壳、陶瓷格栅基底和 2 g 左右的铑、铂涂层载体（作为催化剂）组成，如图 5 – 18 所示。

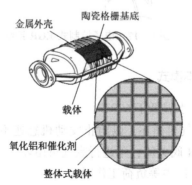

图 5 – 18 催化转换器结构

HC、CO 是有毒气体，过多吸入会导致人死亡，而 NO_x 会直接导致光化学烟雾的发生。经过研究证明，三元催化转换器是减少这些排放物的最有效的方法。通过氧化和还原反应，CO 被氧化成 CO_2，HC 被氧化成 H_2O 和 CO_2，NO_x 被还原成 N_2 和 O_2。三种有害气体都变成了无害气体。三元催化剂最低要在 350℃ 的时候起反应，温度过低时，转换效率急剧下降。而催化剂的活性温度（最佳的工作温度）是 400℃ ~ 800℃，过高也会使催化剂老化加剧。在理想的空燃比 14.7∶1 下，催化转换的效果也最好。它安装在发动机排气管中，通过氧化、还原反应，生成 CO_2 和 N_2，故又称之为三元（效）催化转换器。

3. 三元催化转换器的作用

如图 5 – 19 所示，三元催化转换器可降低所排废气中的三种主要污染物，即碳氢化合物 HC、一氧化碳 CO 和氮氧化物 NO_x，它可以把废气中的 HC、CO 变成 H_2O 和 CO_2，同时把 NO_x 分解成 N_2 和 O_2。但只有当空燃比在 14.7 的狭窄范围内时才能进行完全催化反应，这就要求氧传感器的工作必须正常。

图 5 – 19　三元催化转换器净化产物

二、三元催化转换器工作过程及影响因素

1. 工作过程

当含有 HC 和 CO 的废气在有氧的情况下通过转换器时，铂催化剂开始氧化，HC 和 CO 与氧化合形成水蒸气和 CO_2。此次氧化反应对 NO_x 无影响，如图 5 – 20 所示。

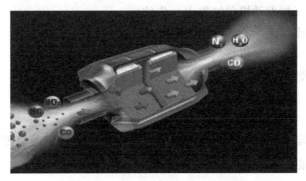

图 5 – 20　催化转换器工作过程示意

要减少氮氧化物（NO_x），需进行一次还原反应。还原反应可去除氧原子。在三元催化转换器中，用铑做催化剂，将 NO_x 分解成氮、氧元素。污染物的高效转换是在大约 250℃ 的

工作温度下开始的。

最高的转换效率和使催化剂保持最长工作寿命的理想工作温度是400℃~800℃。发动机出现故障，如点火不良，会导致转换器升温达到1 400℃以上。这样高的温度会使衬底材料熔化而导致转换器彻底损坏。

2. 影响因素

三元催化转换器净化效果影响最大的是混合气的浓度和排气温度，如图5-21所示。

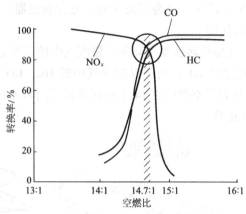

图5-21 三元催化转换器净化效果

只有在理论空燃比14.7附近，三元催化转换器的转换效率最佳，一般都装有氧传感器以检测废气中的氧的浓度，氧传感器信号输送给ECU，用来对空燃比进行反馈控制。

此外，若发动机的排气温度过高（815℃以上），则TWC的转换效率将明显下降。

3. 使用注意事项

除非在紧急情况下，否则要避免使用含铅燃油，因为含铅燃油会导致转换器的永久性失效，含铅燃油中的铅化合物会沉积在催化转换器的细孔内和活性金属的表面，从而降低转换器与废气的接触。过量的机油残留物也会污染催化转换器。

三、三元催化转换器失效判定

以下因素会引起三元催化转换器的失效。

（1）高温烧蚀（如发动机单缸失火）失效。

（2）外力冲击或骤冷冲击导致载体破碎。

（3）异物堵塞（如发动机烧机油）。

（4）使用含铅燃油。

四、触媒检测

通过双氧传感器检测触媒的工作情况（如图5-22所示）。前氧传感器检测尾气中O_2的含量，反馈调节喷油量；后氧传感器监控三元催化转换器的性能。

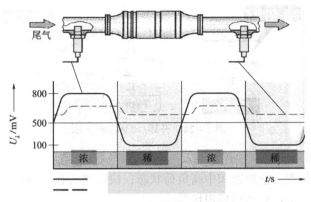

图 5-22 触媒检测示意

课题六 氧传感器的检测

一、氧传感器安装位置及功用

(一) 氧传感器的安装位置

绝大多数车型有两个氧传感器，分别安装在三元催化转换器前后（图 5-23）。

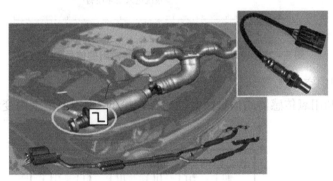

图 5-23 氧传感器安装位置

(二) 氧传感器功用

1. 氧传感器是闭环控制的重要标志性零件
2. 氧传感器使三元催化转换器达到最佳的转换效率
3. 氧传感器调整和保持理想的空燃比

通过氧传感器检测废气中的氧的浓度，以确定实际的空燃比比理论值大还是小，并把信号输送给 ECU，ECU 根据氧传感器反馈的此信号，对喷油量进行修正，使实际的空燃比 A/F 约为 14.7，将过量空气系数 λ 控制在 0.98~1.02，故氧传感器也称为 λ 传感器。

1) 氧传感器调整——空燃比调节

（1）闭环控制。

如图 5-24 所示，发动机 ECU 根据氧传感器的反馈信号不断地调整混合气的空燃比，使其值符合规定。

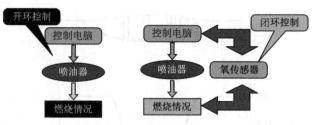

图 5-24 开环/闭环控制示意

（2）开环控制条件。

水温不在标准范围；急加速和中高负荷状态；快怠速状态；强制怠速状态；氧传感器的工作温度未达到规定值；氧传感器损坏等。

由图 5-25 所示即可判断是否处于开环控制状态。

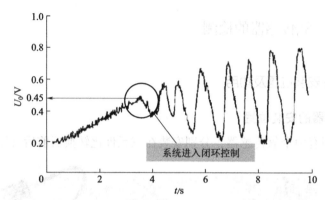

图 5-25 发动机起动后的氧传感器输出的信号电压波形

2）保持理想的空燃比

闭环控制是利用氧传感器的信号使空燃比在理论的 14.7∶1 范围内变动，图 5-26 所示为氧传感器信号

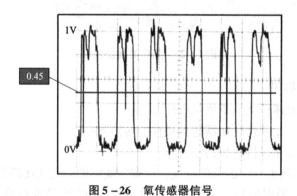

图 5-26 氧传感器信号

（三）氧传感器加热

氧传感器工作必须达到允许的温度，冷态下输出的是随机信号，不代表任何意义。氧传感器在接入加热控制以后，在室温条件下就可以开始正常的气体检测。

二、氧传感器类型

氧传感器分为氧化锆型、氧化钛型和新型氧传感器。这种氧传感器具有传导性的固体电解质，在氧分子浓度差的作用下产生电动势。

（一）氧化锆型氧传感器

1. 结构

氧化锆型氧传感器又分为加热型与非加热型氧传感器两种，现代发动机上普遍采用加热型氧传感器。其特点是在较低的排气温度下（如怠速）仍能保持工作，使用寿命可大于 16 万 km。

加热型氧传感器内部结构如图 5-27 所示。传感器装有陶瓷锆管、陶瓷加热元件，它们借陶瓷支承管、碟形弹簧固装在传感器壳体内。传感器内各种零件都由金属护套固定和对中，金属护套除了支承碟形弹簧外，还保护传感器内部不被污染。

2. 工作原理

氧传感器是按固态电解质的氧浓差原电池原理制成的。发动机工作时，陶瓷锆管的内表面与大气（外界空气）相通，外表面被排气管中排出的废气包围。两边的氧浓度相差，当混合气稀时，排气含氧较多，两侧的浓度差小，只产生很小的电压；当混合气浓时，排气含氧较少，加之铂电极的催化作用，两侧的浓度差急剧增大，两电极间的电压便突然增大。

3. 输出特性

氧传感器的输出特性如图 5-28 所示。

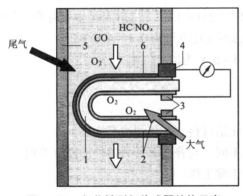

图 5-27 氧化锆型氧传感器结构示意

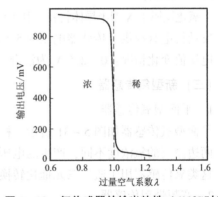

图 5-28 氧传感器的输出特性（600℃时）

氧传感器产生的信号电压在过量空气系数 $\lambda = 1$ 时产生突变。当 $\lambda > 1$（混合气稀）时，氧传感器输出信号电压几乎为零（小于 100 mV）；当 $\lambda < 1$（混合气浓）时，氧传感器输出信号电压接近 1 V（800~1 000 mV）。氧传感器相当于一个混合气浓稀开关。

当氧传感器工作正常时，输出电压在高电平（0.9 V）与低电平（0.1 V）之间变动的频率为每分钟至少 10 次。

（二）氧化钛型氧传感器

1. 结构

如图 5-29 所示，氧化钛型氧传感器主要由二氧化钛元件、导线、金属外壳和接线端子等组成。

当废气中的氧浓度高时,二氧化钛的电阻值增大;反之,废气中氧浓度较低时二氧化钛的电阻值减小。利用适当的电路对电阻变量进行处理,即转换成电压信号输送给 ECU,可确定实际的空燃比。

2. 工作原理

如图 5-30 所示,由于二氧化钛半导体材料的电阻具有随排气中氧离子浓度的变化而变化的特性,因此氧化钛型氧传感器的信号源相当于一个可变电阻,当表面缺氧时,电阻变化小。与发动机冷却液温度传感器（ECT）相似。

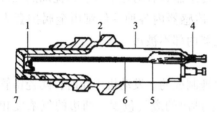

图 5-29 结构示意

1—二氧化钛元件；2—金属外壳；
3—陶瓷绝缘体；4—接线端子；
5—陶瓷元件；6—导线；7—金属保护套

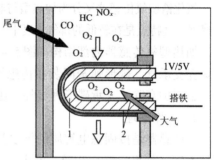

图 5-30 氧传感器工作原理示意

3. 工作特性

二氧化钛属于 N 型半导体材料,其阻值大小取决于材料温度以及周围环境中氧离子的浓度。发动机电脑提供氧传感器电压为 5 V,氧传感器变化电压为 0.1~4.6 V。

电压值变化情况：0~2.5 V 为混合气稀,2.5~5 V 为混合气浓。

（三）新型氧传感器

1. 平面型氧传感器

平面型氧传感器如图 5-31 所示。核心为氧化锆材料,并且两边有涂层。

两边涂层的氧浓度不同,产生的电压信号也不同。与普通氧传感器外形没有差别。

这类氧传感器用于监控三元催化转换器是否正常工作。

2. 宽频带型传感器

1) 特点

如图 5-32 所示,装在三元催化转换器前。

这种氧传感器对混合气的调整更精确、更精细。

通过单元泵工作,可将尾气中的氧吸入测量室,单元泵工作所用电流即为传递给控制单元的电信号。电压值在 450 mV 附近。

2) 调节过程

（1）混合气稀时。

混合气过稀时,泵在原来的转速下会泵入较多的氧,测量室中氧的含量增多,电压值下降,喷油量加

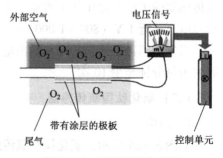

图 5-31 平面型氧传感器

大，如图 5-33 所示。

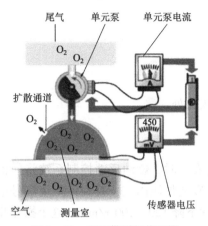

图 5-32 宽频带型氧传感器

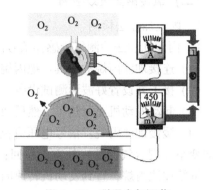

图 5-33 稀混合气调节

为能使电压值尽快恢复到 450 mV 的电压值，减小单元泵的工作电流，使泵入测量室的氧量减少。

单元泵的工作电流传递给控制单元，控制单元将其折算成电压值信号。

(2) 混合气浓时。

混合气过浓时，电压值超过 450 mV。单元泵以原来的工作电流工作，泵入测量室的氧量减少，如图 5-34 所示。

控制单元增大单元泵的工作电流，使单元泵旋转速度增加，增加泵氧速度。单元泵泵入测量室中的氧量增加，使电压值恢复到 450 mV。

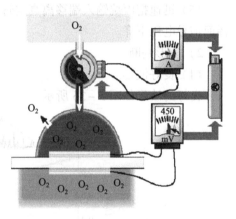

图 5-34 浓混合气调节

三、氧传感器的检测

(一) 氧传感器波形检测

氧传感器的波形检测如图 5-35 所示。

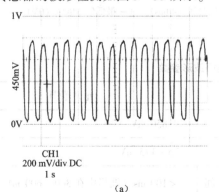

(a)

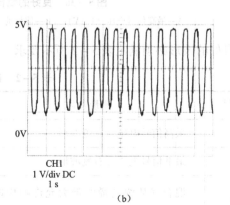

(b)

图 5-35 氧传感器波形检测情况

(a) 氧化锆传感器；(b) 氧化钛传感器

电压变化应在 0.1~0.9 V。在急速情况下，10 s 至少变化 8 次以上，否则氧传感器老化。

（二）氧传感器失效检测

1. 丙烷加注法检测

1) 丙烷加注法检测氧传感器信号波形

（1）连接加注丙烷的工具：把丙烷接到真空管入口处。

（2）接上并设置好波形测试设备。

（3）起动发动机充分热车，然后回到急速状态。

（4）缓慢加注丙烷：信号电压升高（混合气变浓）时，燃油反馈控制系统将使信号电压向变小（混合气变稀）的方向拉回；然后继续缓慢地加注丙烷，直到该系统信号电压不变；继续加注丙烷，直到发动机转速因混合气过浓而下降 100~200 r/min。这个操作步骤必须在 20~25 s 内完成。

（5）迅速把丙烷输入端移离真空管，以免造成极大的瞬时真空泄漏，直到由于混合气变稀而信号电压下降。

2) 波形判断

（1）良好波形。

良好的波形如图 5-36 所示。

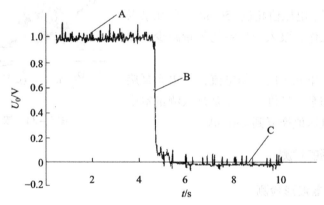

图 5-36 良好的氧传感器标准信号电压波形

A—最高信号电压（1.1V）　B—信号的响应时间（40ms）　C—最低信号电压（0V）

良好的波形必须满足表 5-2 所示要求。

表 5-2 良好波形参数

序号	测量参数	允许范围
1	最高信号电压（左侧波形）	>850 mV
2	最低信号电压（右侧波形）	75~175 mV
3	混合气从浓到稀的最大允许响应时间（波形中的中间部分）	<100 ms（波形中在 300~600 mV 的下降时间）

（2）损坏的氧传感器波形如图 5-37 所示。

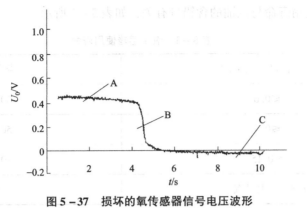

图 5-37 损坏的氧传感器信号电压波形

A—最高信号电压（427mV）　B—信号的响应时间（237ms）　C—最低信号电压（-130mV）

损坏的氧传感器波形有三个响应参数，分别是最高信号电压下降至 427 mV；最低信号电压小于 0 V；混合气从浓到稀时信号的响应时间却延长为 237 ms。

2．急加速法检测

注意：D 型进气系统具有真空泄漏补偿功能，可以快速地补偿较大的真空泄漏，所以氧传感器的信号电压不会降低。

1）急加速法测试步骤

（1）发动机充分预热，然后让发动机怠速运转 20 s。

（2）在 2 s 内将发动机节气门从全闭（怠速）至全开 1 次，共进行 5~6 次。

特别提醒：不要使发动机空转转速超过 4 000 r/min，只要用节气门进行急加速和急减速就可以。

2）良好波形

良好波形如图 5-38 所示。

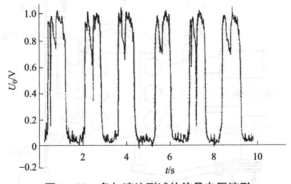

图 5-38 急加速法测试的信号电压波形

（1）根据氧传感器的最高、最低信号电压值和信号的响应时间来判断氧传感器的好坏。

（2）在信号电压波形中，上升的部分是急加速造成的，下降的部分是急减速造成的。

（三）氧传感器的使用寿命

氧传感器的使用寿命与汽油的含铅量有关，如表 5-3 所示。

表 5-3 氧传感器使用寿命

汽油含铅量/（g·L^{-1}）	寿命/km
≤0.6	30 000
≤0.4	50 000
≤0.15	80 000
≤0.005（无铅汽油）	160 000

课题七　二次空气喷射系统（AI/AS）的检测与维修

二次空气供给装置是降低尾气排放的机外净化装置之一。在冷车起动后将一定量的空气引入排气管，使废气中的 CO 和 HC 进一步燃烧，以减少 CO 和 HC 的排放。它是减少污染物排放的最早的使用方法。二次空气喷射系统的控制实质是向废气中吹入额外的空气，以增加氧含量，使废气中因未充分燃烧而产生的 CO 和 HC 在排气的高温下再次燃烧，生成 CO_2 和 H_2O，达到排气净化的目的。

在采用催化转换器以后，这一方法仍然适用。在对汽车排放要求越来越严格的今天，二次空气供给这种净化方式的作用越来越重要，整个装置的结构也越来越完善，且已发展成为二次空气喷射系统。图 5-39 所示是奥迪 A6 二次空气喷射系统的组成情况。

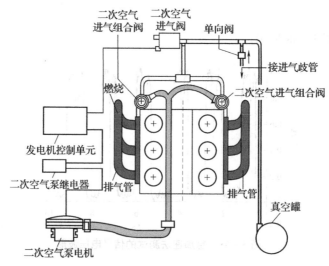

图 5-39　奥迪 A6 二次空气喷射系统的组成

1. 二次空气吸入和喷射的作用

CO 和 HC 是可以燃烧的物质，如果迫使空气进入排气歧管，废气够热，且有 O_2，废气就会在排入大气以前重新燃烧，废气中的 CO 和 HC 也就转化成为无污染的 CO_2 和 H_2O。

2. 二次空气喷入方法

1）二次空气吸入（AS）法

AS 系统是利用废气的波动（即排气压力有规律地突然变化），打开和关闭片簧阀，让空气断续地进入排气歧管。

用这个方法吸入排气歧管的空气和用 AI 法相比，其量甚小，所以 AS 法只适用于相对体积较小的发动机。

2）二次空气喷射（AI）法

AI 系统使用空气泵，迫使空气进入排气歧管（空气泵通常用 V 形皮带驱动）。

由于电控燃油喷射系统、三元催化转换器及其他这类设备已经研制成功，所以这个方法现在已经很少被采用了。在一些还在采用二次空气喷射系统的高级车型上，系统一般在冷车时才工作，可以防止冷车时三元催化转换器（TWC）工作效率不足而造成污染，还可以加快 TWC 达到工作温度。

系统在发动机冷起动或热起动后一段时间内工作 100 s 或 10 s，其作用是使未燃烧的 CO 和 HC 再次燃烧；催化转换器迅速达到工作温度。

课题八　实验实训

一、技能要求

（1）能用解码器读取排放控制系统故障码、数据流。
（2）会执行元件的动作测试。
（3）能用尾气分析仪检测尾气并进行成分分析。
（4）能进行排放控制系统主要部件的检测及更换。
（5）能进行排放控制系统典型故障的诊断。
（6）建立燃油系统故障诊断思路。
（7）能查阅使用维修技术资料。

二、建议开设实验/实训项目

（1）汽车排放废气检测。
（2）PCV 系统故障诊断。
（3）EVAP 电磁阀故障诊断。
（4）三元催化转换器检测与更换。
（5）氧传感器检测与诊断。
（6）EGR 系统故障诊断。

小结

本项目主要学习汽车有害气体的来源及燃烧理论，PCV 系统的工作原理，EVAP 系统的工作原理，EGR 系统的工作原理，三元催化系统的工作原理，氧传感器的作用、类型、工作原理，二次空气喷射系统的工作特点。

　　发动机排放控制系统是汽车的一个重要系统，是确保汽车尾气不超标、符合环保要求的关键系统，对系统各个子系统应能融会贯通，掌握检测方法。

　　排放控制系统各个部件的检查应遵循维修手册的规定，同时参考生产中的简易方法，但须确保安全。

项目六

发动机辅助控制系统检测与维修

1. 知识目标

能描述发动机辅助控制系统类型、组成及作用；

能描述怠速控制系统、进气控制系统、增压控制系统、故障自诊断系统、失效保护系统、应急备用系统的构成及工作特点；

能描述辅助控制系统的控制原理。

2. 能力目标

能使用解码器读取辅助控制系统故障码、数据流；

能进行怠速控制系统的检测；

能进行 VVT 系统部件的检测及更换；

能规范使用检修辅助控制系统部件的检测仪器；

掌握辅助控制系统典型故障的诊断方法；

建立燃油排放控制系统故障诊断思路。

课题一 怠速控制系统

一、怠速控制系统的功用

1. 稳定怠速控制

怠速控制系统以设定的发动机转速为怠速控制目标，当发动机的转速偏离目标转速时，电子控制器便输出怠速调整信号，通过怠速控制执行器将发动机怠速调整到设定的目标范围内。

2. 快速暖机控制

在冷机起动后，怠速控制系统可以使发动机在较高的怠速下稳定运行，并可加速发动机的暖机过程。

3. 高怠速控制

在怠速工况下，当发动机负荷增加时，为保持发动机的稳定运转或使发动机向外能输出一定的功率，电子控制器便输出控制信号，通过怠速控制执行器将发动机调整至设定的高怠速下稳定运转。

4. 其他控制

当发动机起动时,电子怠速控制系统使怠速辅助空气通道自动开启至最大,以使发动机起动容易。在活性炭罐控制阀、废气再循环控制阀等工作时,调整怠速控制阀以稳定怠速。

二、怠速控制系统类型

(一)按进气量的调节方式分

图6-1所示为进气量调节方式类型。

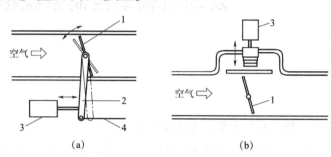

图6-1 进气量调节方式示意
(a)节气门直动式 (b)旁通空气式
1—节气门;2—节气门操纵臂;3—怠速控制执行器;4—加速踏板拉杆

1. 节气门直动式

电子控制器通过控制执行机构直接操纵节气门,以节气门开度的改变来实现怠速的控制。这种调节方式不常见。

2. 旁通空气式

这是一种最常见的调节方式。电子控制器通过怠速控制阀改变辅助空气通道的空气流量来实现怠速的控制。

(二)按怠速控制阀的结构原理分

1. 步进电动机式

步进电动机式是最常见结构,以步进电动机为动力,电子控制器通过控制步进电动机的转动来驱动空气阀的开启和关闭。

2. 开度电磁阀式

开度电磁阀式是电子以电磁阀通电产生的电磁力来驱动空气阀的开度。其又分为直动式和转动式两种。

3. 开关电磁阀式

开关电磁阀式的电磁阀部分与开度电磁阀并无大的差别,主要的不同点是其工作方式。开关电磁阀有打开和关闭两种状态,工作时以一定的频率开闭,通过阀的开闭比来控制怠速空气流量。

(三)按空气阀的控制方式分

1. 直接控制式

这是一种最常见的控制方式。由电磁阀或步进电动机直接驱动空气阀,实现怠速空气量的控制。

2. 间接控制式

通常是由电磁阀控制膜片式辅助空气阀的气压,再由空气阀的动作来改变怠速空气通道的截面积。这种方式目前使用得相对较少。

三、怠速控制系统的组成与控制原理

(一) 怠速控制系统的组成

对于不同的车系,怠速控制系统的构成与具体控制内容会有一些差别。图 6-2 所示是典型怠速控制系统的组成。

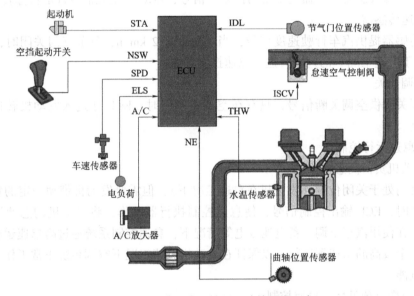

图 6-2 典型怠速控制系统的组成示意

怠速控制系统主要由传感器、电子控制单元、执行器及节气门旁通气道组成。

(二) 怠速控制系统的控制原理

1. 怠速稳定控制

发动机怠速稳定控制实际上是一种转速反馈控制。微机存储器中存储有发动机在不同状态下的最佳稳定怠速参数。其控制原理如图 6-3 所示。

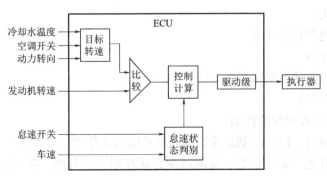

图 6-3 怠速稳定控制示意

发动机处于怠速工况时，怠速控制系统不断地监测发动机的转速，并与当前发动机状态下的目标转速进行比较。当发动机怠速出现波动，偏离了设定的目标转速时，ECU 输出控制脉冲使怠速控制执行器动作，将发动机的怠速调节在设定的目标转速范围之内。

怠速稳定控制所需的传感器信号有以下几种：

1) 发动机转速传感器

发动机转速传感器提供发动机在怠速工况下的发动机转速信号。

2) 节气门位置传感器

节气门位置传感器提供节气门关闭信号，是 ECU 判断发动机是否处于怠速工况的基本信号。

3) 发动机冷却液温度传感器

发动机冷却液温度传感器提供发动机温度信号，ECU 根据此信号选定目标转速。

4) 车速传感器

车速传感器提供汽车行驶速度信号，当车速低于 2 km/h，且节气门关闭时，ECU 作出"发动机处于怠速工况"的判断，进入怠速控制程序。

5) 空调开关

空调开关提供空调关断信号，只有在空调不使用时，ECU 才进入发动机转速反馈式怠速稳定控制。

2. 高怠速运行控制

1) 发动机负荷高怠速控制

在节气门处于关闭位置（发动机在怠速工况下），但需要发动机带动一定的负荷以较高的转速运转时，ECU 输出控制信号，使怠速控制执行器动作，将发动机的怠速调高至某一值。比如，在使用汽车空调、蓄电池亏电等情况下，怠速控制系统通过高怠速运行控制，使发动机在一个较高的怠速下运行，以保证在发动机怠速工况下空调系统正常工作并及时向蓄电池补充电能。

2) 转速变化预见性高怠速控制

在发动机怠速工况时，为避免发动机驱动的附加装置的阻力矩突然增大而导致发动机怠速下降甚至熄火，ECU 在接收到附加装置阻力矩增大的有关电信号时，就输出控制信号，通过怠速控制执行器预先调大怠速进气量。

怠速控制系统高怠速运转控制除了利用发动机转速传感器、节气门位置传感器、车速传感器、发动机冷却液温度传感器等得到发动机转速、怠速工况及发动机温度信息外，还用到如下开关信号：

（1）空调开关。

（2）自动变速器挡位开关。

（3）蓄电池电压。

（4）尾灯继电器或后窗除雾继电器。

3. 其他怠速控制

1) 起动时怠速控制阀的控制

在发动机起动时，ECU 控制怠速控制阀至开度最大位置，使发动机起动容易。起动后，ECU 根据发动机转速及温度信号，逐渐减少怠速控制阀的开度。起动时怠速控制阀控制所用到的传感器及开关信号有以下两个：

(1) 发动机转速传感器,提供发动机怠速工况下的转速信号。

(2) 点火开关,提供发动机起动信号和起动后信号。

2) 活性炭罐电磁阀工作时怠速控制阀的控制

在一些汽车上,怠速控制系统还根据活性炭罐控制阀的开启情况来调整怠速通道的通气量,以避免发动机怠速产生波动。除用于怠速工况判别的节气门位置传感器外,该稳定怠速控制所用到的传感器信号有以下两个:

(1) 发动机转速传感器,提供发动机怠速工况下的发动机转速信号。

(2) 活性炭罐电磁阀,提供活性炭罐电磁阀开启信号。当活性炭罐电磁阀通电时,ECU控制怠速控制阀的开度以稳定怠速。

3) 怠速偏离修正控制

怠速偏离修正控制即怠速控制系统的学习修正控制。

当发动机部件老化等外部原因使发动机的怠速偏离原设定值时,ECU控制怠速控制阀预置一个开度,将发动机的怠速修正到设定的值。

四、怠速控制执行器

(一) 步进电动机式怠速控制阀

1. 步进电动机式怠速控制阀的安装位置

步进电动机式怠速控制阀安装在节气门体上,控制阀伸入设在怠速空气道内的阀座处,如图6-4所示。

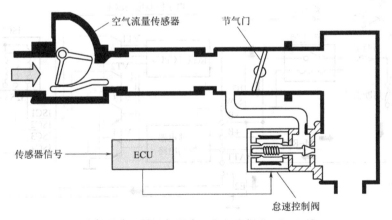

图6-4 步进电动机式怠速控制阀安装位置示意

2. 步进电动机式怠速控制阀的结构

步进电动机式怠速控制阀是将步进电动机与怠速控制阀做成一体,装在进气总管内。其结构如图6-5所示。

1) 步进电动机

步进电动机主要由转子、定子和轴承组成,是一种非连续转动的控制执行机构,并且可根据ECU控制信号实现正、反转。

2) 怠速控制阀

进给丝杆的一端通过阀轴与阀门连在一起,进给丝杆的螺纹端旋入步进电动机转子内。

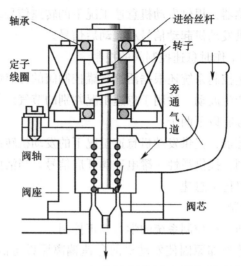

图 6-5 步进电动机式急速控制阀的结构

转子旋转时,进给丝杆受到挡板的进给丝杆上下运动的约束而不能随转子一起旋转,只能沿轴向上下运动,并带动阀门一起做轴向运动,使阀门与阀座之间的相对距离发生变化,也使旁通气道的通过截面积发生变化,起到调节流过旁通气道空气量的作用。

3. 步进电动机式急速控制阀的工作原理

图 6-6 所示是步进电动机式急速控制阀的典型控制电路。

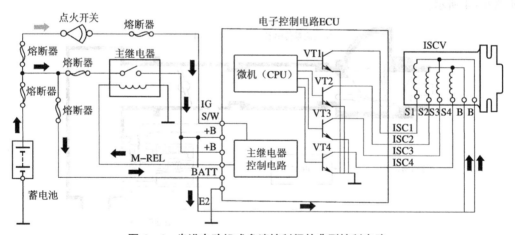

图 6-6 步进电动机式急速控制阀的典型控制电路

当需要调整急速时,急速控制系统通过 ECU 内部的步进电动机驱动电路使步进电动机的 4 个绕组依次通电,使步进电动机顺时针或逆时针方向转动转子,控制阀移进或移出,增加或减小控制阀与阀座之间的间隙,以调节允许通过的空气量。

主继电器控制电路的作用是,当点火开关关断时,使 ECU 继续通电 2 s,以便使 ECU 完成起动初始位置的设定。在点火开关断开后的这 2 s 里,步进电动机在 ECU 的控制下转动,使旁通气道的通过截面积开启至最大,为下次起动做好准备。

(二) 旋转滑阀式怠速控制阀

1. 旋转滑阀式怠速控制阀结构

旋转滑阀式怠速控制阀主要组成如图 6-7 所示，主要由永久磁铁、电枢、旋转滑阀、螺旋回位弹簧、电刷等组成。

2. 旋转滑阀式怠速控制阀连接关系

控制阀安装在阀轴的中部，阀轴的一端装有圆柱形永久磁铁，永久磁铁对应的圆周位置上装有位置相对的两个线圈，如图 6-8 所示。

3. 旋转滑阀式怠速控制阀工作原理

旋转滑阀式怠速控制阀工作原理如图 6-9 所示。

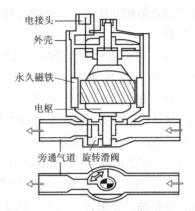

图 6-7 旋转滑阀式怠速控制装置

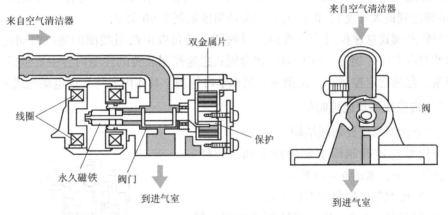

图 6-8 旋转滑阀式怠速控制阀连接关系

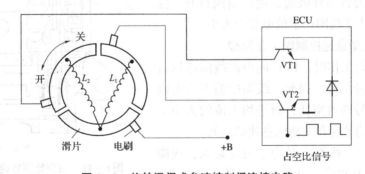

图 6-9 旋转滑阀式怠速控制阀连接电路

（1）旋转滑阀固装在电枢轴上，与电枢轴一起转动。ECU 首先根据各传感器的输入信号采用占空比控制方式控制线圈 L_1 和 L_2 的导通与截止，进而控制电枢轴（滑阀）的偏转角，以此改变旁通气道截面的大小，调节怠速时的空气量，调整发动机的怠速转速。

线圈 L_1 和 L_2 的两端与电刷滑环相连接，经电刷引出与 ECU 相连接。

（2）电枢轴上的电刷滑环与电机换向器结构类似，它由 3 段滑片围合而成，分别与一个电刷相接触。电枢绕组线圈 L_1 和 L_2 的两端分别焊接在相应的滑片上。

（3）由 ECU 控制两个线圈的通电或断电，改变两个线圈产生的磁场强度，与永久磁铁形成的磁场相互作用,即可改变控制阀的位置,调节怠速空气口的开度,以实现怠速空气量的控制。

(4) 当点火开关打开时,怠速控制装置接受蓄电池电压。电枢绕组线圈 L_1 和 L_2 是否通电,由 ECU 控制两线圈的搭铁三极管 VT2 和 VT1 的通断决定。

由于占空比控制信号和三极管 VT1 的基极之间接有反向器,所以三极管 VT1 和 VT2 集电极的输出相位相反,使两个电枢绕组总是交替地通过电流;又因两组线圈绕向相反,所以电枢上交替地产生方向相反的电磁力矩。由于电磁力矩交变的频率(约 250 Hz)较高,且电枢转动具有一定的惯性,所以旋转滑阀根据控制信号的占空比摆到一定的角度即处于稳定状态。

(5) 当占空比为 50% 时,线圈 L_1 和 L_2 的平均通电时间相等,两者产生的电磁力矩抵消,电枢轴停止偏转。当占空比小于 50% 时,线圈 L_1 的平均通电时间长,其合成电磁力矩使电枢带动旋转滑阀顺时针偏转,旁通气道截面变小,怠速降低;反之,当占空比大于 50% 时,旁通气道截面变大,怠速升高。占空比的范围在 18%(旋转滑阀关闭)~ 82 %(旋转滑阀达到最大开度),滑阀的最大偏转角度限制在 90°以内。

对旋转滑阀式怠速控制装置来说,滑阀的偏转角度由两组线圈的通电时间比例(即由控制脉冲的占空比)确定。ECU 对旋转滑阀式怠速控制装置的控制内容主要包括起动控制、暖机控制、怠速稳定控制、怠速预测控制和学习控制,具体内容与步进电动机式基本相同。

(三) 占空比型怠速控制阀

1. 占空比型怠速控制阀结构

占空比型怠速控制阀主要由控制阀、阀杆、线圈、弹簧组成,如图 6 – 10 所示。

2. 占空比型怠速控制阀连接关系

控制阀与阀杆制成一体,当线圈通电时,线圈产生的电磁力将阀杆吸起,使控制阀打开。控制阀的开度取决于线圈产生的电磁力大小。

3. 占空比型怠速控制阀工作原理

怠速控制阀工作时,ECU 向电磁线圈通以占空比可调的脉冲信号。因此,线圈中的平均电流取决于控制信号的占空比,而平均电流的大小又决定了电磁阀的开度和发动机怠速的高低。

占空比越大,线圈中平均电流就越大,线圈吸力强,阀门升程高,开度大,旁通空气量大,怠速高,反之怠速低。

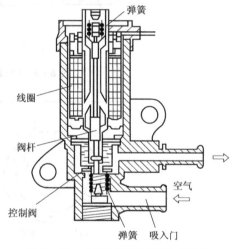

图 6 – 10 占空比型怠速控制阀结构

占空比控制电磁阀型怠速控制系统的控制内容同样也包括起动控制、暖机控制、怠速稳定控制、怠速预测控制和学习控制。

但由于占空比控制电磁阀型怠速控制系统旁通空气量少,在采用此种控制阀的怠速控制系统中,仍需要快怠速控制阀辅助控制发动机暖机过程的空气供给量。

4. 快怠速控制阀的结构及工作原理

快怠速控制阀的结构及工作原理如图 6 – 11 所示。

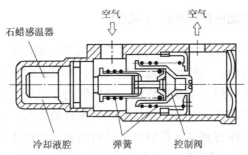

图 6-11　快急速控制阀结构及工作原理

快急速控制阀的结构主要由石蜡感温器、控制阀和弹簧等组成。

在发动机起动后的暖机过程中，冷却液温度较低时，石蜡收缩，控制阀在弹簧的作用下打开，增加怠速供给的空气量，使发动机快怠速运转。

随着温度的升高，石蜡膨胀，推动连接杆使控制阀开度逐渐减小，怠速转速逐渐下降。发动机达到正常工作温度后，控制阀将完全关闭其空气通道，发动机恢复至正常怠速。

课题二　进气控制

进气控制系统主要是为了提高进气量，改善发动机动力性能。

应用在汽油机上的进气控制系统主要有动力阀控制系统、谐波进气增压控制系统和气门驱动控制系统。

一、汽油机动力阀控制系统

汽油机动力阀控制系统控制发动机进气道的空气流通截面大小，以适应发动机不同转速和负荷时的进气量需求，从而改善发动机的动力性，如图 6-12 所示。

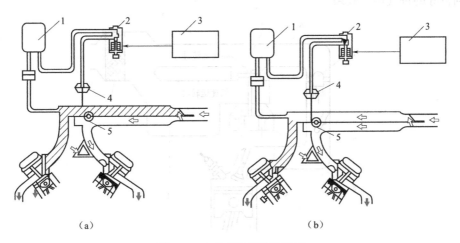

图 6-12　动力滑阀结构示意

(a) 动力阀开启；(b) 动力阀关闭

1—真空罐；2—真空电磁阀；3—ECU；4—膜片真空气室；5—动力阀

二、汽油机谐波进气增压控制系统（ACIS）

在发动机工作时，增大发动机的进气量（即提高充气效率），可以改善发动机的动力性能。在发动机的进气行程中，气体高速流向进气门，如果此时突然关闭进气门，进气门附近的气体流动就会突然停止，但由于惯性作用，进气管仍在进气，于是进气门附近的气体被压缩，压力上升；当气体的惯性通过后，被压缩的气体开始膨胀，并向与进气气流相反的方向流动，压力下降，膨胀气体传到进气管口时被反射回来，形成压力波。如果这一脉动压力波与进气门的开/闭相互配合，使反射的压力波集中在要打开的进气门旁，进气门打开，就会形成增压进气的效果，从而提高发动机的充气效率和功率。

1. 谐波进气增压控制系统的功能

在发动机工作时，进气门从关闭到下一次开启的时间间隔，取决于发动机的转速；进气管内的压力波反射回到进气门处所需的时间，取决于压力波传播路线的长度。

当进气管较长时，压力波传播的距离长，发动机的低速性能较好；当进气管较短时，压力波传播的距离短，发动机的高速性能较好。

谐波进气增压控制系统的功能就是根据发动机转速的变化，改变进气管内压力波的传播距离，以提高充气效率，改善发动机的性能。

2. 谐波进气增压控制系统的工作原理

谐波进气增压控制系统的工作原理如图6-13所示。在进气管的中部增设了进气控制阀和大容量进气室，当发动机转速较低时，同一气缸的进气门关闭与开启的时间间隔较长，此时进气控制阀关闭，使进气管内压力波的传递距离为进气门至空气滤清器的距离，这一距离较长，压力波反射回到进气门附近所需的时间也较长；当发动机高速运转时，进气控制阀开启，由于大容量进气室的影响，所以进气管内压力波的传递距离缩短为进气门到进气室之间的距离，与同一气缸的进气门关闭与开启的时间间隔较短相适应，从而使发动机在高速运转时得到较好的进气增压效果。

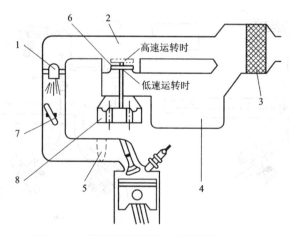

图6-13 谐波进气增压控制系统的工作原理

1—喷油器；2—进气道；3—空气滤清器；4—进气室；5—涡流控制气门；
6—进气控制阀；7—节气门；8—真空驱动器

3. 谐波进气增压控制系统的组成

谐波进气增压控制系统的组成如图 6-14 所示。ECU 根据发动机的转速信号控制真空电磁阀的开关。当发动机高速运转时，真空电磁阀开启，真空罐内的真空进入真空驱动器的膜片气室，真空驱动器驱动进气控制阀开启；当发动机低速运转时，真空电磁阀关闭，真空罐内的真空不能进入真空驱动器的膜片气室，进气控制阀处于关闭状态。

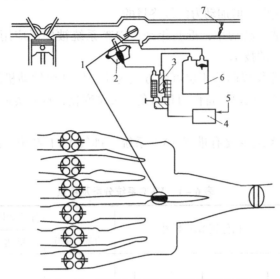

图 6-14 谐波进气增压控制系统的组成

1—进气控制阀；2—真空驱动器；3—真空电磁阀；4—ECU；5—转速信号；6—真空罐；7—节气门

4. 谐波进气增压控制系统工作电路

谐波进气增压控制系统工作电路如图 6-15 所示。主继电器触头闭合后，通过端子"3"给真空电磁阀供电，ECU 通过"ACIS"端子控制真空电磁阀的搭铁回路。

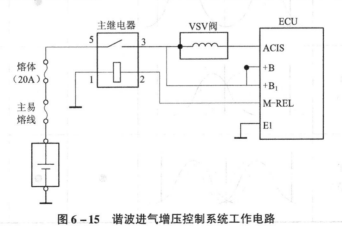

图 6-15 谐波进气增压控制系统工作电路

三、气门驱动控制系统

气门驱动控制系统根据发动机转速和负荷的变化，适时调整配气相位和气门升程。

(一) 可变气门正时系统 (VVT 系统)

该系统通过配备的控制及执行系统,对发动机凸轮的相位进行调节,从而使气门开启、关闭的时间随发动机转速的变化而变化,以提高充气效率,增加发动机功率。

1. VVT 系统功用

VVT 系统是通过控制进气门开启角度提前和延迟来调节进气量,以达到低转速进气少、减少油耗、高转速进气大、增加动力的最终目的。

由于低排量、省油、高功率,近些年来,VVT 系统被广泛应用于现代车上。在国外,VVT 系统已成为较成熟的技术。

目前大多数 VVT 系统以凸轮相位可变方式为主,即利用发动机的机油压力,推动凸轮轴与凸轮正时链轮使发动机速度特性间相对角度关系变化,从而实现气门正时的改变。

2. VVT 系统分类

一般发动机 VVT 系统主要有进气 VVT 系统、排气 VVT 系统、进/排气 VVT 系统等形式,如表 6-1 所示。

表 6-1 VVT 系统分类及特点

VVT 配置	相位调节示意图	对发动机性能的影响			
		功率/扭矩	怠速	燃油经济性	排放
进气 VVT		●	●	●	●
排气 VVT			●	●	●
进/排气 VVT (等相位调节)				●	●
进/排气 VVT (相位连续调节)		●	●	●	●

3. VVT 系统结构

如图 6-16 所示,VVT 系统主要由 ECU、传感器(凸轮、曲轴相位、VVT 传感器)、执行器(凸轮轴正时控制阀、VVT 控制器)等组成。

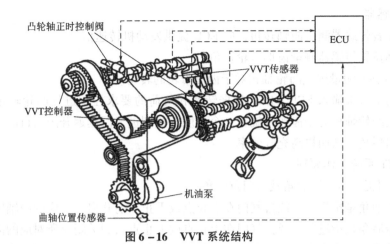

图 6-16 VVT 系统结构

1）凸轮轴机油控制阀

如图 6-17 所示，由一个用来转换机油通道的滑阀、一个用来控制移动滑阀的线圈、一个柱塞及一个回位弹簧组成。

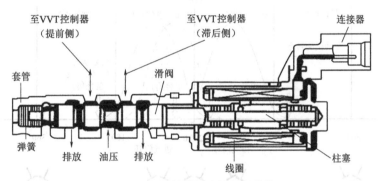

图 6-17 凸轮轴机油控制阀结构

2）VVT 控制器

VVT 控制器如图 6-18 所示，由一个固定在进气凸轮轴上的叶片、一个与从动正时链轮一体的壳体和一个锁销组成。通过凸轮轴正时控制阀的控制，它可在进气凸轮轴上的提前或滞后油路中传送机油压力，使控制器叶片沿圆周方向旋转，以获得最佳的配气相位。

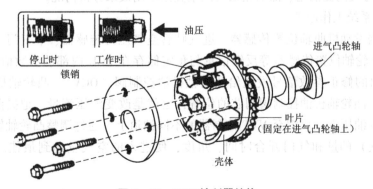

图 6-18 VVT 控制器结构

3）传感器

曲轴位置传感器测量曲轴转角，向 ECU 提供发动机转速信号。

凸轮轴位置传感器测量齿形带轮转角。

VVT 传感器测量进气凸轮轴相对于齿形带轮的转角。

它们的信号被输入 ECU，ECU 根据转速和负荷的要求控制进气凸轮轴正时控制阀，控制器使进气凸轮轴相对于齿形带旋转一个角度，达到进气门延迟开闭的目的，用以增大高速时的进气迟后角，从而提高充气效率。

4. VVT 系统工作原理

1）气门提前角、滞后角及气门重叠角

气门提前角是指进气门或排气门在上止点或下止点前开启所对应的曲轴转角。

气门滞后角是指进气门或排气门在上止点或下止点后到关闭时所对应的曲轴转角。

气门重叠角是指在上止点范围内，进气门和排气门同时开启期间所对应的曲轴转角。

（1）气门提前角、滞后角及气门重叠角调节过程。

图 6-19 所示为气门提前角、滞后角及气门重叠角调节过程。

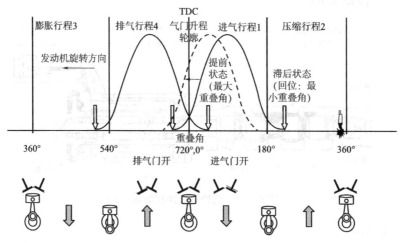

图 6-19 气门提前角、滞后角及气门重叠角调节过程

（2）应用。

表 6-2 为气门提前角、滞后角及气门重叠角应用效果分析情况。

2）VVT 系统工作原理

ECU 根据发动机曲轴位置传感器、进气歧管空气压力传感器、节气门位置传感器、水温传感器和凸轮轴位置传感器等反馈信息与预定储存在 ECU 内部的参数值进行对比计算。而后将计算出的修正参数信号发送给凸轮轴机油控制阀（OCV），凸轮轴机油控制阀根据 ECU 信号调节凸轮轴机油控制阀阀芯的位置，也就是改变液压流量，把提前、滞后、保持不变等信号以油压方式反馈至 VVT 控制器的不同油道上。通过调整凸轮轴转动角度达到调整进气（排气）的量和气门开合时间、角度，使进入的空气量达到最佳，从而提高燃烧效率。

表6–2 气门提前角、滞后角及气门重叠角应用收益

应用策略	介绍	相位调节示意图	典型收益			
			功率/扭矩	怠速	排放物	燃油经济性
进气 2位置 小幅度调节	1983—现在 欧洲/亚洲		×	×		
进气 可变 大幅度调节	1995 Toyota VVTi		×	×	×	×
排气 可变 大幅度调节	1997 Ford Zetec			×	×	×
进排气等相位调节 [单凸轮] 可变 大幅度调节	200X 日产				×	×
进排气 独立相位调节 可变 大幅度调节	1996 BMW		×	×	×	×

（1）提前。

由发动机 ECU 所控制的凸轮轴正时机油控制阀处于图 6–20 所示状态时，油压作用于叶片与外壳室所组成的气门正时提前侧的油室，使进气凸轮轴向气门正时的提前方向旋转。

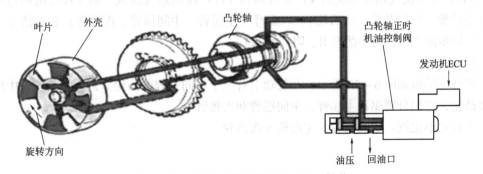

图 6–20 VVT 系统工作原理（1）：提前

(2) 滞后（延迟）。

由发动机 ECU 所控制的凸轮轴正时机油控制阀处于图 6 – 21 所示的状态时，油压作用于叶片与外壳室所组成的气门正时滞后侧的油室，使进气凸轮轴向气门正时的滞后方向旋转。

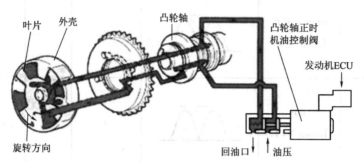

图 6 – 21　VVT 系统工作原理（2）：滞后

(3) 保持。

发动机 ECU 根据具体的动作参数进行处理，并计算出最佳的配气相位。当达到最佳的配气相位以后，凸轮轴正时机油控制阀通过关闭油道来保持油压，即保持如图 6 – 22 所示的气门正时的状态。

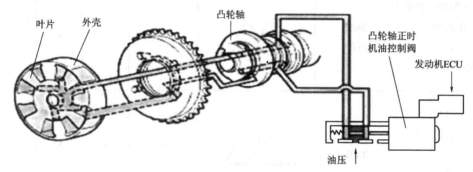

图 6 – 22　VVT 系统工作原理（3）：保持

（二）可变气门相位与升程电子控制系统（VTEC 系统）

VTEC 系统在本田轿车车系的许多车上采用。

1. VTEC 系统组成

VTEC 可变配气相位系统由 VTEC 机构和 VTEC 控制系统组成。而 VTEC 机构包括三凸轮（主凸轮、中间凸轮、次凸轮）、三摇臂（主摇臂、中间摇臂、次摇臂）和四活塞（正时活塞、同步活塞 A、同步活塞 B、阻挡活塞）。

1) 三凸轮

三凸轮结构如图 6 – 23 所示。凸轮轴上有三个不同升程的凸轮分别为主凸轮、中间凸轮和次凸轮，它们分别驱动主摇臂、中间摇臂和次摇臂。

升程大小比较：中间凸轮 > 主凸轮 > 次凸轮。

图 6-23 三凸轮结构

2) 三摇臂

三摇臂结构如图 6-24 所示。进气摇臂总成由主摇臂、中间摇臂和次摇臂组成。主摇臂和次摇臂分别驱动主进气门、次进气门。

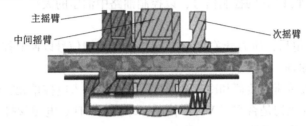

图 6-24 三摇臂结构图

3) 四活塞

四活塞结构如图 6-25 所示。在三个摇臂靠近气门的一端均设有液压缸孔，液压缸孔中装有靠液压控制的正时活塞、同步活塞 A、同步活塞 B、阻挡活塞及弹簧。正时活塞一端的液压缸孔与发动机的润滑油道连通。ECU 通过电磁阀控制油道的通、断。

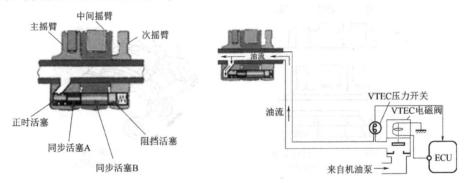

图 6-25 四活塞结构

2. VTEC 控制系统

VTEC 的控制系统主要由传感器、ECU、VTEC 电磁阀总成和压力开关等组成，如图 6-26 所示。

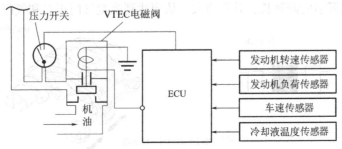

图 6-26 VTEC 控制系统示意

1) 传感器

传感器主要有发动机转速传感器、发动机负荷传感器、车速传感器和冷却液温度传感器。它们将各自的信号传给 ECU。

2) ECU

ECU 是控制 VTEC 的控制单元，根据传感器信号，计算、分析、比较、判断，并直接控制 VTEC 电磁阀。

3) VTEC 电磁阀

VTEC 电磁阀接收 ECU 的控制信号，以控制油路中油压的大小。

(4) 压力开关

VTEC 电磁阀通电后，压力开关给 ECU 提供一个反馈信号以便监控系统工作。

3. VTEC 工作原理

工作时，发动机转速、负荷和冷却液温度等信号被输入电控单元，经电控单元分析处理后被用来决定对配气机构是否实行 VTEC 控制，即控制 VTEC 电磁阀打开或关闭，进而控制液压执行阀和气门机构的动作。

1) 低速状态

如图 6-27 所示，发动机在低转速时，ECU 无指令，控制电磁阀没有打开，活塞位于各自的油缸内，各个摇臂独自上下运动。主、次摇臂分别驱动主、次气门，中间摇臂不起作用。微微开闭次进气。

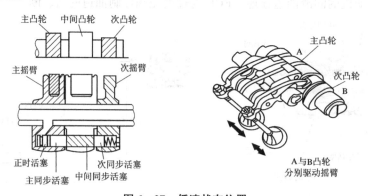

图 6-27 低速状态位置

2) 高速状态

如图 6-28 所示，控制电磁阀接收到控制单元的信号而接通油路，关闭回油道，使同步活塞移动，将主、次和中间摇臂锁成一体、一起动作。此时，便由中间凸轮来驱动整个摇臂，并且使气门开启时间延长，升程增大，从而达到改变气门正时和气门升程的目的。

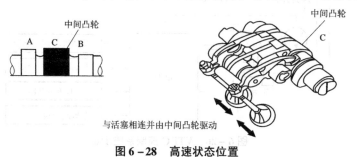

图 6-28 高速状态位置

课题三 涡轮增压

只有现代汽车工业向着高效、节能两方面不断地努力和发展，面世的汽车才能越来越完美。为了实现这个目标，很多其他领域的技术也被借鉴到了汽车的身上，涡轮增压就是其中一项非常重要的技术。

涡轮增压之所以如此普及是与它高效节能的特性分不开的。顾名思义，废气涡轮是由发动机运转产生的废气排放来驱动的。一般的发动机大约有 1/3 的能耗浪费在排气上，而这些浪费的能耗通过涡轮又得到重新利用，这也是涡轮增压相比机械增压的优势所在。涡轮增压也有明显的缺点，涡轮迟滞现象是最大的诟病，它无法做到像自然进气到发动机那样平顺自如的动力输出，在加速的时候往往会给人一种加速度的感觉。

废气涡轮增压系统通过废气冲击废气涡轮，废气涡轮带动同轴旋转的进气叶轮，进气叶轮旋转使进气增加压力，实现增压。

一、涡轮增压的结构

涡轮增压器是由涡轮室和增压器组成的机器，涡轮室进气口与排气歧管相连，排气口接在排气管上；增压器进气口与空气滤清器管道相连，排气口接在进气歧管上。涡轮和叶轮分别装在涡轮室和增压器内，二者同轴刚性连接。涡轮增压由压气叶轮、增压叶轮、阀体等组成，如图 6-29 所示。

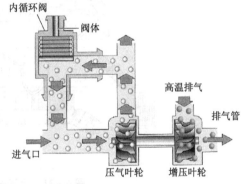

图 6-29 涡轮增压的结构

二、涡轮增压的工作原理

1. 废气涡轮增压系统的放气过程

废气涡轮增压系统通过废气冲击废气涡轮，如图 6-30 所示。

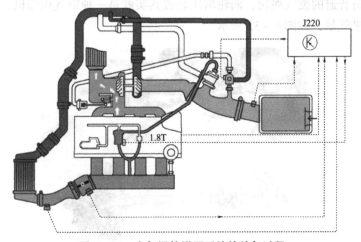

图 6-30 废气涡轮增压系统的放气过程

随发动机转速上升发动机废气流量和流速上升,废气涡轮转速上升。

为了限制增压压力,避免增压压力过大,需要减少通过废气涡轮的废气动能。此时需要通过废气旁通通道旁通部分废气,通过减少废气涡轮转速,将增压压力控制在需要的压力范围内。

发动机会通过控制单元控制废气旁通通道,从而达到控制增压压力。

2. 废气涡轮增压系统的内循环过程

机械式空气内循环阀安装在进气涡轮的进排气口,它由控制单元通过真空或电控打开,用来泄掉节气门前多余的空气,避免发动机关闭节气门时产生喘震。发动机控制单元在超速切断、怠速和部分负荷时打开,防止进气管进气过量。

发动机控制单元通过控制单元控制电磁阀等执行元件旁通进气叶轮的进、排气口实现内循环的快速降压,如图6-31所示。

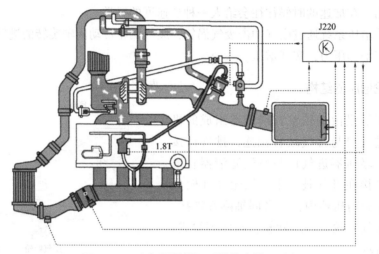

图6-31 废气涡轮增压系统的内循环过程

三、涡轮增压系统的类型

1. 普通放气阀涡轮增压器

这是使用最普遍的废气涡轮,涡轮增压装置其实就是一种空气压缩机,通过压缩空气来增加发动机的进气量,如图6-32所示。

图6-32 普通放气阀涡轮增压器结构

它的原理是利用发动机排出的废气惯性冲力来推动涡轮室内的涡轮，涡轮又带动同轴的叶轮，叶轮压送由空气滤清器管道送来的空气，使之增压进入气缸。

当发动机转速增快，排气速度加快同时带动连杆另一端的叶轮也越来越快时，叶轮就压缩更多的空气进入气缸，空气的压力和密度增大可以使燃烧更充分，从而产生更大的动力。相应增加燃料量和调整一下发动机的转速，就可以增加发动机的输出功率。

这种涡轮一般需要发动机比较高的转速配合，介入要求比较高，所以涡轮的迟滞现象是最明显的。

2. 双流道涡轮增压器

双流道涡轮增压器设计有两个排气口。以4缸发动机为例，1缸和4缸排气通过一个涡管排气，2缸和3缸则通过另一个涡管排气，两组排气互不相干。这样设计的原因是因为在单个气缸工作时，产生气体的脉冲谐振影响其他缸体的排气效率，使下一个将要工作的气缸回压增大。当气缸工作时，有一段重叠时间，气缸的进气气门和排气气门都在开启状态，这时下一个气缸已经点火排气。在这个极短的时间里，如果1缸和3缸排气管相通，则将造成前一个缸体进气空气减少，从而导致下一个循环的总功率下降，如图6-33所示。

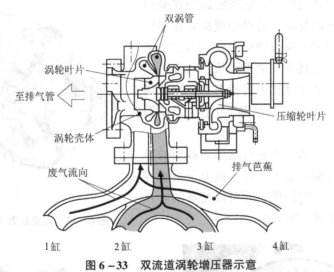

图6-33 双流道涡轮增压器示意

简单地讲就是一般的4缸发动机点火顺序为1-3-4-2缸，当1缸完成做功循环后，接下来是3缸做功，由于1缸和3缸的排气管不相连，所以互相之间没有干涉影响。3缸做功完毕之后是4缸做功，这里还是互相不干扰，4缸之后是2缸，循环反复，每次做功和进气都不受影响，从而达到最大的进气量。这比普通单涡管增压器的进气燃烧效率要高7%~8%，也就是性能比单涡管单涡轮提高了7%~8%。同时由于效率提高了，完成同样的加速表现需要的燃油要少，从而增加了燃油经济性。

BMW N55 3.0T发动机使用的也是双流道技术，如图6-34所示。

直列6缸的点火顺序为1-5-3-6-2-4，也就是1、2、3缸一组，4、5、6缸一组。这样每个缸体做功之后都不会影响下一个缸做功。双流道技术的发明很好地改善了涡轮介入的条件，使涡轮增压车型在低转速的情况下也能开始工作。

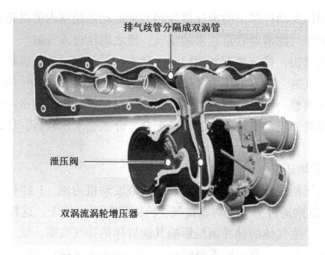

图 6-34　BMW N55 3.0T 双流道结构

3. 可变截面涡轮（VTG）增压器

VTG 不是一个新的概念，它通常运用在柴油发动机上，首款汽油发动机的可变截面涡轮增压器是由博格华纳公司为保时捷研制的。因为汽油发动机的工作温度远高于柴油发动机，所以可变截面涡轮以前在汽油发动机上还没有过，博格华纳这款涡轮可以在 1 050℃ 的高温下工作。其结构如图 6-35 所示。

VTG 技术的核心部分就是可调涡流截面的导流叶片，涡轮的外侧增加了一环可由电子系统控制角度的导流叶片，它们像一圈可以延展的叶片半径分布在叶轮外围，如图 6-36 所示。

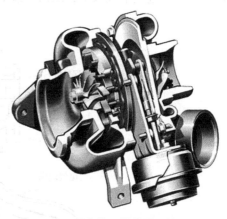

图 6-35　可变截面涡轮增压器结构

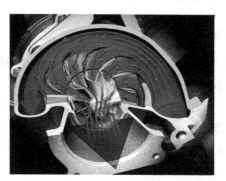

图 6-36　可变截面涡轮增压器工作原理

在系统工作时，通过调整叶片角度可以控制流过涡轮叶片的气体的流量和流速，从而控制涡轮的转速。

当发动机低转速、排气压力较低的时候，导流叶片打开的角度较小。此时导入涡轮处的空气流速就会加快，增大涡轮处的压强，从而可以更容易推动涡轮转动，并且有效减轻涡轮迟滞的现象，也改善了发动机低转速时的响应时间和加速能力。

随着转速的提升和排气压力的增加，叶片也逐渐增大打开的角度，在全负荷状态下，叶片则保持全开的状态，减小排气背压，从而达到一般大涡轮的增压效果。

此外，由于改变叶片角度能够对涡轮的转速进行有效控制，可实现对涡轮的过载保护，因此使用了 VTG 技术的涡轮增压器都不需要设置排气泄压阀。

涡轮增压技术是一项很复杂的技术，并不是任何发动机都适合使用这项技术，也并不是每款涡轮增压器可以搭配任何的发动机，每款涡轮增压发动机的背后都是非常缜密的测试和计算，只有这样才能将有效的动能发挥到极致，从而减少能量的浪费。

课题四　其他辅助控制系统

一、故障自诊断系统

（一）OBD 系统概述

OBD 全称为 On-Board Diagnostic，即随车诊断系统。它分为 OBD、OBD-Ⅰ、OBD-Ⅱ。1994 年全球 20% 制造商采用 OBD-Ⅱ，1996 年全面采用 OBD-Ⅱ。

随车诊断的目的是排放系统有故障时提示车主注意、使维修技术人员快速地找到故障来源、减少汽车废气对大气的污染。

（二）OBD 概念提出

此概念在 20 世纪 80 年代中期被提出。刚开始由各厂家独立自行设计诊断座和自定义故障码，各个车型之间无法共用，必须采用不同的诊断系统。

（三）OBD-Ⅰ

1985 年由美国加州大气资源局制定，1988 年开始全面实施。

1. 主要特点

（1）仪表中有警示车主的指示灯，它用来提示车主车辆的控制系统存在故障。

（2）系统有记忆，可传送有关排放的故障代码。

（3）能对 EGR 阀、燃油系统和其他有关废气排放系统进行测试保养。

监控元件包括氧传感器、EGR、EVAP。

2. 缺点

（1）无法有效地监控排放，特别是催化转换器效率监测、EVAP 泄漏监测，监测线路灵敏度不高。

（2）各厂家采用不同的自诊断系统和排除方法。

（3）资料传输不是统一的 SAE 和 ISO 标准。

（四）OBD-Ⅱ系统概述

美国加州环保局 1989 年正式公布新的自诊断系统，我们称之为 OBD-Ⅱ。直到 1996 年各汽车生产厂才在其加州标准车辆上实施了新标准。

新标准于 1990 年写入了美国联邦大气清洁法，它要求全部 49 个州的车辆于 1996 年起一律装备 OBD-Ⅱ。严格遵守法规的时间定为 1999 年，所以，有些 1996 年的 OBD-Ⅱ 系统可能缺少一个 OBD-Ⅱ 规范的特性，如燃油蒸发污染排放清洁测试。

OBD-Ⅱ 系统技术先进，对探测排放问题十分有效。但对驾驶者是否接受 MIL 的警告，OBD-Ⅱ 是无能为力的。

OBD-Ⅲ 系统主要利用小型车载无线收发系统，通过无线蜂窝通信、卫星通信或 GPS 系统将车辆的 VIN、故障码及所在位置等信息自动通告管理部门，管理部门根据该车辆排放问题的等级对其发出指令，包括去何处维修的建议、解决排放问题的时限等。其主要特点是社会法规的支持。

1. 诊断座

诊断座接口如图 6-37 所示。

1）全部引脚定义

PIN1——Manufacturer discretion. GM：J2411 GM-LAN/SWC/Single-Wire CAN。

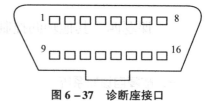

图 6-37 诊断座接口

PIN2——SAE-J1850 PWM 和 SAE-1850 VPW 总线（+）。

PIN3——FordDCL（+）Argentina, Brazil（pre OBD-Ⅱ）1997-2000, USA。

PIN4——车身搭铁。

PIN5——信号搭铁。

PIN6——CAN high（ISO 15765-4 and SAE-J2284）。

PIN7——ISO 9141-2 和 ISO 14230-4 总线的 K 线。

PIN8——自定义。

PIN9——自定义。

PIN1——Bus negative Line of SAE-J1850 PWM only（not SAE-1850 VPW）Europe, etc. Chrysler CCD Bus（+）。

PIN10——Ford DCL（-）Argentina, Brazil（pre OBD-Ⅱ）1997-2000, USA, Europe, etc. Chrysler CCD Bus（-）。

PIN11——自定义。

PIN12——自定义。

PIN13——CAN low（ISO 15765-4 和 SAE-J2284）。

PIN14——ISO 9141-2 和 ISO 14230-4 总线的 L 线。

PIN15——ISO 9141-2 和 ISO 14230-4 总线的 L 线。

PIN16——蓄电池电压。

2）OBD-Ⅱ 标准使用的通信协议

（1）PIN7，PIN15。

ISO 9141-2，ISO 14230-4（KWP2000），是其中的一种。

（2）PIN2，PIN10。

SAE J1850PWM，SAE J1850 VPM。

（3）PIN6，PIN14。

CAN，ISO15765-4（SAE-J2284）。

2. 诊断故障码结构

故障码结构如图 6-38 所示。

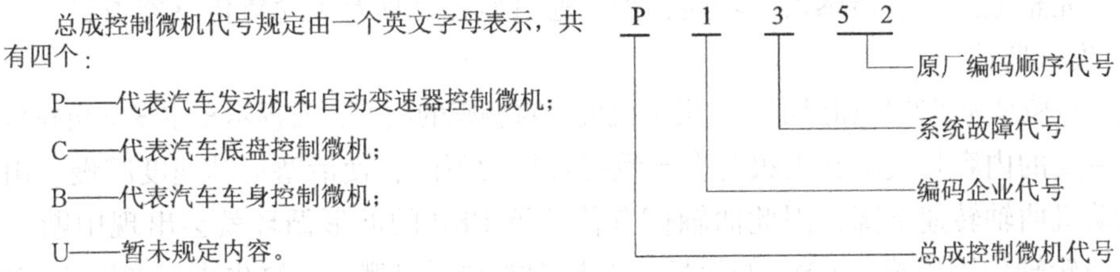

```
总成控制微机代号规定由一个英文字母表示，共         P  1  3  5  2
有四个：                                              │  │  │  └── 原厂编码顺序代号
P——代表汽车发动机和自动变速器控制微机；              │  │  └───── 系统故障代号
C——代表汽车底盘控制微机；                            │  └──────── 编码企业代号
B——代表汽车车身控制微机；                            └─────────── 总成控制微机代号
U——暂未规定内容。
```

图 6-38 故障码结构

1) 编码企业代号

编码企业代号规定由一位阿拉伯数字表示。其中：0 代表 SAE 定义的故障代码；其他 1~9 为各汽车制造公司自行定义的故障代码。

2) 系统故障代码

系统故障代码由 SAE 定义，如表 6-3 所示。

表 6-3 故障代码指示系统

故障代码	SAE 定义的故障范围	故障代码	SAE 定义的故障范围
1	燃油和进气系统故障	5	怠速控制系统故障
2	燃油和进气系统故障	6	微机和执行元件系统故障
3	点火系统故障或发动机间歇熄火	7	微机控制自动变速器系统故障
4	排气控制系统故障	8	微机控制自动变速器系统故障

3) 原厂编码顺序代号

原厂编码顺序代号由两位阿拉伯数字组成，它是指各元件的故障代码，不同编号有不同的故障含义。

3. 监控系统

1) 三项连续监控

失火检测、燃油系统和大部分的元件监控。

2) 八项非连续的监控

触媒、加热式触媒、油箱油气蒸发（即时性炭罐控制）、二次空气喷射、空调系统、氧传感器、氧传感器加热器和 EGR。

4. 故障发生瞬间的数值分析

标准的 OBD-Ⅱ 测试模式即冻结测试模式。此功能可在故障码发生时，瞬间记录下相关的数值，以便发现间歇性故障。

（五）OBD-Ⅱ 系统工作

1. 触媒转换器排放监控

触媒转换器排放监控的起动条件是发动机水温高于 80℃，保持车速大于 2 000 r/min 至少 2 min，打开节气门，闭环运行，转速在 1 248~1 952 r/min（自动），或 1 248~2 400 r/min（手动），进气压力传感器电压应在 1.5~2.6 V。

系统依靠前后加热式氧传感器的信号检测触媒转换器的工作效率。

2. 氧传感器监控

为了完整地测试氧传感器的功能，需要通过监控九项有关含氧传感器项目。

3. 失火监控

失火监控是为了监控和提示车主发动机失火对触媒的破坏，或提示车主发动机排放超标。

最主要的内容是气缸在失火时会导致燃烧压力下降，使活塞运动速度减慢。由于失火会导致发动机曲轴转速下降，因此曲轴位置传感器 CKP 的波形循环就会出现中断。通过对比 CKP 与凸轮轴位置传感器 CMP 的信号，电脑就能判断出哪一个缸失火，如图 6 – 39 所示。

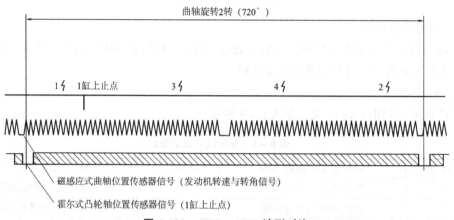

图 6 – 39　CKP、CMP 波形对比

4. 燃油系统监控

燃油系统监控用来判断监控系统调整空燃比的工作情况。监控的两个参数有短期修正和长期修正。短期修正在没有进行燃油修正时，数值为 0%；修正时，数值的范围在 – 100% ~ 100%。

5. 油气蒸发系统监控

此系统用来检测活性炭罐气体容积和泄漏情况。监控系统的元件有炭罐电磁阀、EVAP 电磁阀和压力传感器。

6. 废气再循环监控

用来检测 EGR 的流量和判断其工作效率。电脑使 EGR 阀全开或全关，并侦测 EGR 传感器的电信号，然后通过动态的采样数值与其原厂设计的标准相比来判断 EGR 系统的工作效率。若其工作效率达不到设定标准，则故障灯亮起并会发出设置故障码。

二、失效保护系统

（一）失效保护系统的功能

1. 当故障自诊断系统判定某传感器或其电路出现故障（即失效）时

由故障自诊断系统起动而进入工作状态，给 ECU 提供设定的标准信号来替代故障信号，以保持控制系统继续工作，确保发动机仍能继续运转。

2. 当个别重要的传感器或其电路发生故障时

有可能危及发动机安全运转，失效保护系统则会使 ECU 立即采取强制性措施，切断燃油喷射，使发动机停止运转，确保车辆安全。

(二) 失效保护系统设定的标准信号

(1) 冷却液温度信号：80℃。
(2) 进气温度信号：20℃。
(3) 点火确认信号：立即切断燃油喷射。
(4) 节气门位置传感器信号：0°~25°。
(5) 爆震传感器信号：将点火提前角设定为固定值。
(6) 凸轮轴位置传感器信号：利用应急备用系统维持发动机基本运转。
(7) 空气流量传感器信号：根据起动开关信号和节气门位置传感器确定工况，并分别以固定的起动、怠速、小负荷、大负荷工况喷油量喷油。
(8) 进气管绝对压力传感器信号：按设定的固定值控制喷油量，或起动应急备用系统维持发动机运转。

三、应急备用系统

(一) 应急备用系统的功能

(1) 应急备用系统的功能由 ECU 内的备用 IC 来完成。
(2) 当 ECU 内的微处理器或少数重要的传感器出现故障、车辆无法行驶时，该系统使 ECU 把燃油喷射和点火正时控制在设定的水平上，作为一种备用功能使汽车能维持基本行驶。
(3) 应急备用系统只能维持汽车的基本功能，而不能保证发动机按正常性能运行。

(二) 应急备用系统的工作条件

发生下列故障之一时，自诊断系统点亮故障指示灯的同时自动启用应急备用系统。
(1) ECU 中的中央微处理器 (CPU)、输入/输出 (I/O) 接口和存储器发生故障。
(2) 凸轮轴位置传感器或其电路发生故障，ECU 收不到 G1 和 G2 信号。
(3) 在 D 型电控燃油喷射系统中，进气歧管绝对压力传感器或其电路发生故障。

(三) 应急备用系统的工作原理

备用 IC 只根据 STA 信号和 IDL 信号将发动机的工况简单地分为起动、怠速和非怠速三种，并按预先设定的固定数值输出喷油控制信号和点火控制信号，如图 6-40 所示。

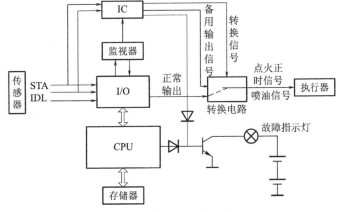

图 6-40 应急备用系统工作原理

课题五 实验实训

一、技能要求

（1）用解码器读取发动机辅助控制系统故障码、数据流的方法。
（2）会执行元件的动作测试。
（3）进行辅助控制系统主要部件的检测及更换。
（4）会使用检测仪器。
（5）能进行辅助控制系统典型故障的诊断。
（6）建立辅助控制系统故障诊断思路。
（7）能查阅使用维修技术资料。

二、建议开设实验/实训项目

（1）怠速控制系统检修。
（2）VVT 系统检修。
（3）VTEC 系统检修。
（4）故障自诊断检查。

小结

本项目中，发动机辅助控制系统是汽车的重要系统，是发动机保持最佳工作状态的关键系统；主要学习发动机怠速控制系统、VVT 系统、VTEC 系统、涡轮增压系统的结构和工作原理；系统学习每个系统的工作条件、故障现象、检测方法等，建立故障诊断思路。

发动机辅助控制系统各个部件的检查应遵循维修手册的规定，同时参考生产中的简易方法，但须确保安全。

参 考 文 献

[1] 冯渊. 电控发动机维修 [M]. 北京：机械工业出版社，2009.
[2] 丁新隆，吴天林，赵金国. 汽车发动机管理系统结构检修 [M]. 长春：吉林大学出版社，2015.
[3] 吴荣辉. 汽车发动机控制系统检测与维修 [M]. 北京：人民交通出版社，2003.
[4] 陆珣，王松尧，邹小明. 北京现代汽车发动机检修技术 [M]. 北京：高等教育出版社，2011.